RECETARIO INTEGRAIN
FULL COURSE MEALS

Producido por Integrain.

Todos los derechos reservados. Ninguan parte de esta obra puede ser reproducida, almacenada o transmitida de forma o medio alguno, sea éste electrónico, mecánico, por fotocopia, grabación o cualquier otro, sin la previa autorización escrito por parte de la editrorial.

ISBN: 979-8-9859541-0-4

Impreso en USA

Whole grains for your whole family

Produced by Integrain.

All rights reserved. No part of this work may be reproduced, stored or transmitted in any form or by any means, be it electronic, mechanical, photocopying, recording or otherwise, without the prior written permission of the publisher.

ISBN: 979-8-9859541-0-4

Printed in USA

Sumario / Summary

	PÁGINA
Introducción / Introduction	1 - 5
Recetas con Granos / Recipes with Grains	6 - 127
Recetas con Harinas / Recipes with Flours	128 - 329
Recetas Masa Madre / Sourdough Recipes	330 - 339

Granos - Semillas / Grains - Seeds

Amaranto / Amaranth	8 - 19
Arroz / Rice	20 - 31
Avena Rolada / Rolled Oats	32 - 43
Café / Coffee	44 - 57
Cebada / Barley	58 - 67
Centeno / Rye	68 - 77
Espelta / Spelt	78 - 87
Khorasan / (Kamut)	88 - 97
Quinoa / Quinoa	98 - 107
Trigo / Wheat	108 - 117
Trigo Sarraceno / Buckwheat	118 - 127

Harinas / Flours

Amaranto / Amaranth	130 - 141
Arroz / Rice	142 - 155
Avena / Oats	156 - 167
Cebada / Barley	168 - 179
Centeno / Rye	180 - 191
Espelta Germinada / Sprouted Spelt	192 - 201
Espelta / Spelt	202 - 213
Garbanzo / Chickpea	214 - 225
Khorasan / (Kamut)	226 - 237
Maíz Nixtamalizado / Nixtamilized Corn	238 - 251
Quinoa / Quinoa	252 - 263
Trigo Blanco / White Wheat	264 - 287
Trigo Germinado / Sprouted Wheat	288 - 303
Trigo Rojo / Red Wheat	304 - 317
Trigo Sarraceno / Buckwheat	318 - 329

Masa Madre / Sourdough

Masa Madre / Sourdough	332 - 339

Indice / Index

Indice / Index	340 - 348

Introducción / Introduction

NUESTRA HISTORIA: Poco después de nuestra boda, comenzamos a moler trigo integral para hacer harina integral para nuestro propio uso en el hogar. Hemos descubierto que no hay nada mejor, más saludable o más sabroso que usar harina de granos integrales. Emocionados de compartir esto con otros, comenzamos a moler harina de trigo integral semanalmente y a venderla en las tiendas locales.

¡Nuestra visión es proporcionar granos integrales para toda tu familia! Ahora estamos expandiendo nuestro negocio familiar, (Integrain), para poder proporcionar harinas integrales genuinas y de alta calidad para más familias.

Nos encanta modificar y mejorar recetas. Queremos compartir nuestras recetas contigo para que puedas disfrutar de los **Productos Integrain** en su totalidad.

OUR STORY: Soon after our wedding we started milling whole wheat to make real flour for our own home use. We have found that there is nothing better, healthier, or tastier than using real whole grain flour. Excited to share this with others, we started milling whole wheat flour weekly and selling it at local grocery stores.

Our vision is to provide whole grains for your whole family! We are now expanding our family business, (Integrain), to be able to provide high quality, genuine, whole wheat flour for more families.

We love to modify and improve recipes. We hope to share our recipes with you so you can enjoy **Integrain Products** in their entirety.

- Randell & Ioanna Reimer

Prefacio / Foreword

1 Cor. 10 : 31
Si, pues, coméis o bebéis, o hacéis otra cosa, hacedlo todo para la gloria de Dios.
Whether therefore ye eat, or drink, or whatsoever ye do, do all to the glory of God.

Agradecimientos / Special Thanks

Sobre todo damos gracias a Dios por su fidelidad.
Above all we thank God for his faithfulness.

Este proyecto no hubiera sido posible sin el gran apoyo y la contibución de:
This proyect would not have been possibe without the support and contribution of:

Megan Plett, Cordelia Reimer, Familia Bernal, Familia Saenz, Marta Reimer, Mareshah, Caleb, y Ed Cuevas, Karla Rodriguez, Patricia Aquino, Ana Hadasa Bereshit, Hannah y Faith Reimer, y muchos más,

Muchas gracias / Thank you
-Familia Reimer

Fotógrafa / Chef   Chef

MEGAN PLETT   CORDELIA REIMER

Introducción a nuestros Granos

¿Qué son los granos integrales?

Los granos son las semillas de plantas llamadas cereales. Un grano entero contiene las tres partes comestibles del grano y brinda muchos nutrientes importantes:

- **Salvado.** Esta es la capa exterior dura. Es rico en fibra y aporta vitaminas B, hierro, cobre, zinc, magnesio, antioxidantes y fito-químicos.
- **Endospermo.** Esta capa intermedia del grano se compone principalmente de carbohidratos, proteínas y pequeñas cantidades de algunas vitaminas B y minerales.
- **Germen.** Esta capa es el núcleo de la semilla donde ocurre el crecimiento. Es rico en grasas saludables, vitaminas B y E, minerales, proteínas, fito-químicos y antioxidantes.

A los granos refinados se les ha quitado el germen y el salvado, dejando solo el endospermo. Aunque a los granos refinados enriquecidos se les han agregado algunas vitaminas y minerales, No son tan saludables o nutritivos como el grano completo.

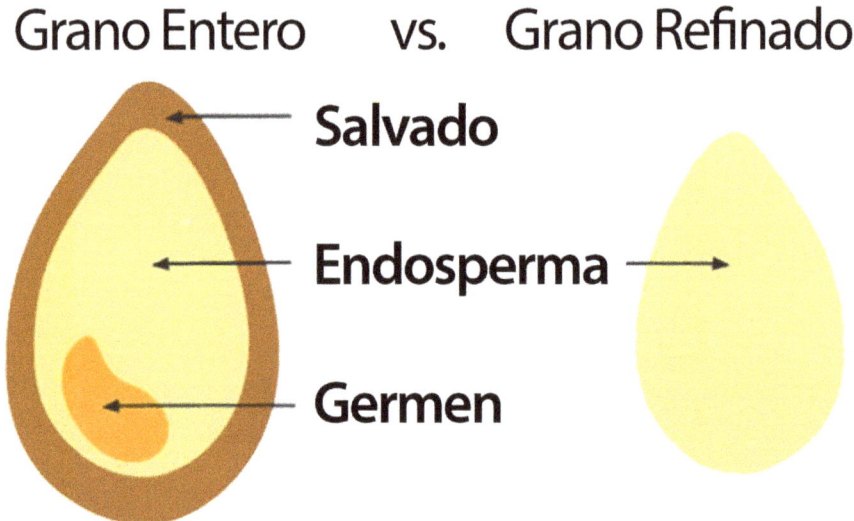

Beneficios de comer granos integrales:

Se ha demostrado que una dieta rica en granos integrales reduce el riesgo de enfermedades cardíacas, diabetes tipo 2, obesidad, ataque cerebro vasculares y algunos tipos de cáncer. Las dietas integrales también favorecen una digestión saludable, reducen la inflamación crónica y reducen el riesgo de muerte prematura.

Muchas personas tienen la percepción de que los granos integrales simplemente no saben ricos o que es difícil incluirlos en sus dietas diarias.

Para ayudarle a comenzar a disfrutar los beneficios de una dieta rica en granos enteros, hemos compilado una serie de deliciosas recetas de todo el mundo utilizando nuestros productos INTEGRAIN 100% integrales.

Introduction to our Grains:

What are whole grains?
Grains are the seeds of grass-like plants called cereals. A whole grain kernel contains all three edible parts of the grain, and deliver many important nutrients:
- **Bran.** This is the hard, outer layer. It is rich in fiber and supplies B vitamins, iron, copper, zinc, magnesium, antioxidants, and phytochemicals.
- **Endosperm.** This middle layer of the grain is mostly made up of carbohydrates, protein, and small amounts of some B vitamins and minerals.
- **Germ.** This inner layer is the core of the seed where growth occurs. It is rich in healthy fats, vitamins B and E, minerals, protein, phytochemicals, and antioxidants.

Refined grains have had the germ and bran removed, leaving only the endosperm. Though enriched refined grains have had some vitamins and minerals added back, they're still not as healthy or nutritious as the whole grain..

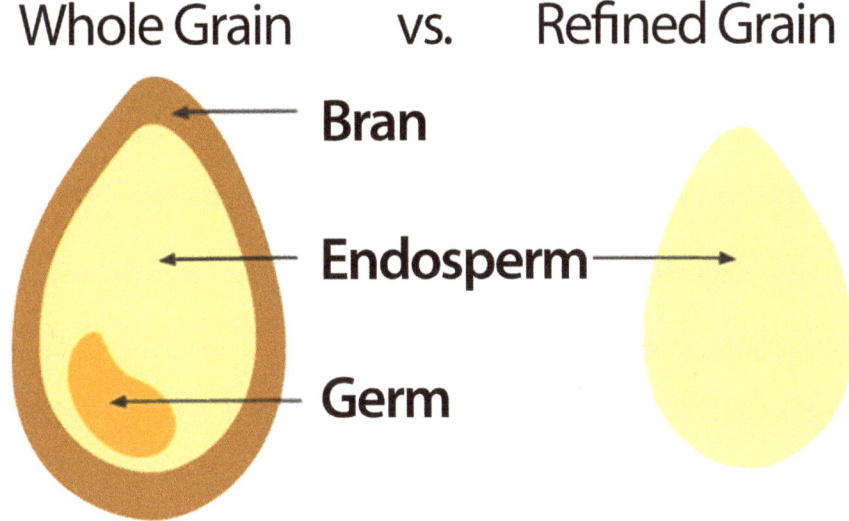

Health Benefits of eating whole grains:
A diet rich in whole grains has been shown to reduce the risk of heart disease, type 2 diabetes, obesity, strokes, and some forms of cancer. Whole-grain diets also support healthy digestion, reduce chronic inflammation and reduce risk of premature death.

Many people have the perception that whole grains just don't taste good, or that it's difficult to work them into their daily diets.

To help you start reaping the benefits of a diet rich in whole grains, we have compiled a series of delicious recipes from all over the world using our 100% whole grain INTEGRAIN products.

Trufas de Energía

Ingredientes:
- 1 taza pasas
- 1 taza crema de cacahuate
- ½ taza jugo de naranja natural
- 3 Cdas semillas de chía blanca o negra
- 2 Cdas moringa en polvo (opc.)
- endulzante de su preferencia, al gusto
- ½ taza **Semilla de Amaranto Integrain**
- 1 Cda cacao en polvo
- ½ cdita extracto de vainilla
- ¼ cdita canela molida
- ½ cdita espirulina en polvo (opc.)

Procedimiento:
1. Coloque las pasas, la crema de cacahuate y el jugo de naranja en un procesador de alimentos y pulse hasta formar una pasta.
2. Agregue la semilla de chía, la moringa, el amaranto, el cacao en polvo, la vainilla, la canela, la espirulina, y el endulzante al gusto (estevia, miel, azúcar, etc).
3. Incorpore bien con una espátula de madera hasta que todo esté bien mezclado.
4. Tome una cdita de la mezcla y forme bolitas con las manos. Cubra las bolitas con amaranto inflado o cacao en polvo.
5. Consérvelos tapados y refrigerados.

Energy Truffles

Ingredients:
- 1 cup raisins
- 1 cup peanut butter
- ½ cup pure natural orange juice
- 3 Tbsp white or black chia seeds
- 2 Tbsp moringa powder (opt.)
- sweetener of your choice, to taste
- ½ cup **Integrain Amaranth Seed**
- 1 Tbsp cocoa powder
- ½ tsp vanilla extract
- ¼ tsp ground cinnamon
- ½ tsp spirulina powder (opt.)

Procedure:
1. Place the raisins, peanuts butter and orange juice in a food processor and pulse until it forms a paste.
2. Add the chia seed, moringa, amaranth, cocoa powder, vanilla, cinnamon, spirulina, and sweetener to taste (stevia, honey, sugar, etc.)
3. Fold it in well with a wooden spatula until everything is thoroughly mixed.
4. Take a tsp. of the mix and form balls with your hands. Coat the balls with puffed amaranth or cacao powder.
5. Keep covered and refrigerated.

Amaranto | México | Aperitivo | 12 pz

Barritas de Pescado con Amaranto

Ingredientes para las barritas:
- 2 huevos
- 4 filetes de tilapia, en tiras gruesas
- sal, pimienta y aceite en aerosol
- 1 taza **Semilla de Amaranto Integrain**
- 1 cdita mostaza

Ingredientes para el aderezo:
- 1 taza yoghurt griego
- 1 cdita perejil fresco
- 1 cdita mostaza Dijón
- 1 cdita jugo de limón
- 1 cdita cebollín, picado

Procedimiento:
1. Precaliente el horno a 180 °C
2. Bate el huevo con la mostaza, y sazone con sal y pimienta.
3. Sumerja el pescado en el huevo, y cubra con el amaranto.
4. Coloque el pescado en una charola y rocíe con aceite en aerosol,
5. Hornee por 15 min.
6. **Aderezo:** Mezcle el yoghurt con el zumo de limón, la mostaza, el perejil y las cebollas verdes. Condimente con sal y pimienta.
7. Sirva las barritas de pescado acompañados de aderezo y ensalada verde.

Fish Bars with Amaranth

Ingredients:
- 2 eggs
- 4 tilapia fillets, cut into thick strips
- 1 tsp mustard
- salt and pepper and cooking spray
- 1 cup **Integrain Amaranth Seed**

For the dressing:
- 1 cup Greek yogurt
- 1 tsp fresh parsley
- 1 tsp Dijon mustard
- 1 tsp lime juice
- 1 tsp chives, finely chopped

Procedure:
1. Preheat the oven to 350 °F
2. Beat eggs with mustard and season with salt and pepper.
3. Dip fish in the egg mixture, and cover with the amaranth.
4. Place the fish on a baking sheet and spray with cooking spray.
5. Bake for 15 min
6. **Dressing:** Mix yogurt with lemon juice, Dijon mustard, parsley and green onions. Season with salt and pepper.
7. Serve fish sticks accompanied by dressing and green salad.

Aguacates Rellenos de Amaranto

Ingredientes:
- ½ taza **Semilla de Amaranto Integrain**
- 1 Cda perejil picado
- 1 Cda menta picada
- 2 cebollas cambray picados
- 1 tomate picado
- 1 filete de atún picado
- 1 Cda jugo de limón
- 2 Cdas de aceite de oliva
- sal y pimienta al gusto
- 1 aguacate

Procedimiento:
1. Mezcle 3 Cdas del amaranto, el perejil, la menta, la cebolla, el tomate y el atún.
2. Agregue el jugo de limón, el aceite de oliva, la sal y la pimienta al gusto.
3. Parte los aguacates a la mitad, saque el hueso y quite la cáscara. Use el resto del amaranto para cubrir las mitades de aguacate
4. Rellene los aguacates con la mezcla.

Amaranth Stuffed Avocados

Ingredients:
- ½ cup **Integrain Amaranth Seed**
- 1 Tbsp chopped parsley
- 1 Tbsp chopped mint leaves
- 2 chopped chambray onions
- 1 chopped tomato
- 1 chopped tuna fillet
- 1 Tbsp lemon juice
- 2 Tbsp olive oil
- salt & pepper
- 1 avocado

Procedure:
1. Mix 3 Tbsp of amaranth, parsley, mint, onion, tomatoes and tuna.
2. Add lemon juice, olive oil, salt and pepper.
3. Cut the avocados in half, remove the stone and the shell. Use the rest of the amaranth to cover the avocado halves.
4. Stuff the avocados with the mixture.

Cuadritos de Amaranto con Chocolate

Ingredientes:
- ⅔ taza aceite de coco
- ⅓ taza cacao
- ⅓ taza miel
- 1 cdita de vainilla
- ¼ cdita de sal Himalaya
- 2 tazas **Semilla de Amaranto Integrain**
- ½ taza nueces
- ½ taza coco rallado
- ½ taza **Avena Rolada Integrain** cocida
- 2 Cdas crema de cacahuate
- chocolate derretido para rociar

Procedimiento:
1. Bate el aceite de coco, el cacao, la miel, la vainilla y la sal.
2. (Opc: Tueste ligeramente el amaranto, las nueces y el coco.)
3. Agregue el resto de los ingredientes (excepto el chocolate derretido).
4. Extienda la mezcla en un molde cuadrado de vidrio forrado con papel pergamino.
5. Congele por 2 - 8 horas. Rocíe con chocolate y corte en cuadritos.

Amaranth Chocolate Squares

Ingredients:
- ⅔ cup coconut oil
- ⅓ cup cacao
- ⅓ cup honey
- 1 tsp vanilla
- ¼ tsp Himalayan salt
- 2 cup **Integrain Amaranth Seed**
- ½ cup pecans
- ½ cup shredded coconut
- ½ cup **Integrain Rolled Oats** oatmeal
- 2 Tbsp peanut butter
- melted chocolate for drizzling

Procedure:
1. Mix coconut oil, cacao, honey, vanilla, and salt with an eggbeater.
2. (Opt: lightly toast the amaranth, pecans, and coconut.)
3. Add the remainder of the ingredients (except melted chocolate).
4. Press the mixture into a glass square pan lined with parchment paper.
5. Freeze 2-8 hours. Drizzle with chocolate and cut into squares.

Batido de Amaranto

Ingredientes:
- ½ taza **Semilla de Amaranto Integrain**
- 1 ½ taza agua
- 1 taza de frambuesas frescas
- 8 dátiles enteros sin hueso
- 2 ½ tazas de leche
- 1 Cda de almendras tostadas fileteadas
- una pizca de canela molida

Procedimiento:
1. En una cacerola combine el agua y el amaranto. Luego cocínelo a fuego medio hasta que se absorba toda el agua y el amaranto tenga una textura suave. Una vez cocido, apague el fuego y deje enfriar.
2. Tueste las almendras con un poco de mantequilla.
3. Ponga las frambuesas, los dátiles sin hueso, la leche, la canela, y el amaranto cocido en una licuadora. Licue hasta que quede sin grumos.
4. Vierta el batido en vasos y decore con las almendras fileteadas.

Amaranth Smoothie

Ingredients:
- ½ cup **Integrain Amaranth Seed**
- 1 ½ cup water
- 1 cup fresh raspberries
- 8 whole pitted dates
- 2 ½ cup milk
- 1 Tbsp slivered toasted almonds
- pinch of cinnamon

Procedure:
1. In a saucepan combine water and amaranth. Then cook it on a medium flame until all water is absorbed and amaranth is soft in texture. Once it is cooked let it cool.
2. Toast the almonds with a little butter.
3. In your blender combine raspberries, pitted dates, milk, cinnamon, and cooked amaranth. Then blend it till smooth.
4. Pour the smoothie in glasses and garnish with the slivered almonds.

Cereal de Amaranto con Topping de Pera

Ingredientes para el cereal:
- ½ taza **Semilla de Amaranto Integrain**
- ¼ taza **Avena Rolada Integrain**
- ½ taza agua
- 1 taza leche
- ¼ cdita sal de mar
- 1 Cda azúcar morena

Ingredientes para el topping de pera:
- 1 Cda mantequilla
- 2 cditas jarabe de maple
- 1 pera grande cortada en cubitos
- ½ cdita canela
- ⅛ cdita jengibre
- ⅛ cdita nuez moscada
- ⅛ cdita clavo
- ¼ cdita vainilla

Ingredientes para el topping de nuez
- 3-4 Cdas nueces pecanas
- 1 cdita jarabe de maple
- 1 Cda azúcar moreno

Ingrediente adicional:
- 1 taza leche o crema

Procedimiento:
1. Precaliente el horno a 205 °C. Hierva los ingredientes para el cereal y luego cocine a fuego lento por 20 min. Deje reposar 10 min para espesar.
2. Hornee los ingredientes para el topping de pera por 15 min.
3. Tueste los trozos de nuez en un sartén con el jarabe de maple y el azúcar morena.
4. En 2 tazas para servir, divida el cereal de amaranto y la crema.
5. Sirva con los toppings de pera y nuez.

Amaranth Porridge with Pear Topping

Cereal Ingredients:
- ½ cup **Integrain Amaranth Seed**
- ¼ cup **Integrain Rolled Oats**
- ½ cup water
- 1 cup milk
- ¼ tsp salt
- 1 Tbsp brown sugar

Pear topping Ingredients:
- 1 Tbsp Butter
- 2 tsp maple syrup
- 1 large pear diced
- ½ tsp cinnamon
- ⅛ tsp ginger
- ⅛ tsp nutmeg
- ⅛ tsp clove
- ¼ tsp vanilla

Pecan topping Ingredients:
- 3-4 Tbsp pecan pieces
- 1 tsp maple syrup
- 1 Tbsp brown sugar

Extra Ingredient:
- 1 cup cream or milk

Procedure:
1. Preheat oven to 400 °F. Bring the amaranth ingredients to a boil and then simmer for 20 min. Let it stand 10 min to thicken.
2. Bake the pear ingredients for approx. 15 min until soft.
3. Toast the pecan pieces in a pan with the maple syrup and brown sugar.
4. In 2 serving cups divide the amaranth porridge and cream/milk.
5. Serve with the pecan and pear topping.

Hojas de Parra Rellenas

Ingredientes:
- 300 g carne molida de res
- 150 g **Arroz Integral Integrain**
- 2 tomates, picados
- 100 gr cebolla, picada
- 30 g perejil, picado
- Jugo de 2 limones
- sal y pimienta al gusto
- 1 frasco hojas de parra en salmuera
- ¼ cebolla, rebanada
- 2 ajos, fileteados
- 2 tazas caldo de res o de pollo
- 2 Cdas aceite de oliva

Procedimiento:
1. Enjuague y cuece el arroz en una olla de presión con dos tazas de agua por 10 min. Mezcle la carne con el arroz, el tomate, la cebolla picada, el perejil, el jugo de limón, la sal y la pimienta.
2. Rellene las hojas de parra con un poco de la mezcla y enrolle.
3. Acomode las rodajas de cebolla en una olla y cubra con hojas de parra. Acomode encima las hojas de parra rellenas, acostadas.
4. Distribuya los ajos fileteados sobre las parras rellenas y cubra con el caldo. Agregue aceite de oliva, tape y cocine a fuego lento por 25 min.
5. Acompañe con jocoque o humus.

Stuffed Vine Leaves

Ingredients:
- 300 gr ground beef
- 150 gr of **Integrain Brown Rice**
- 2 tomatoes, chopped
- 100 gr onion, chopped
- 30 gr of parsley, chopped
- juice of 2 lemons
- salt and pepper to taste
- 1 jar of pickled grape leaves
- ¼ onion, sliced
- 2 garlic, sliced
- 2 cups beef or chicken broth
- 2 Tbsp olive oil

Procedure:
1. Rinse and cook rice in a pressure cooker with two cups of water for 10 min. Mix meat with rice, tomato, chopped onion, parsley, lemon juice, salt and pepper.
2. Fill grape leaves with a little of the mixture and roll up.
3. Arrange onion slices in a pot and cover with grape leaves. Arrange stuffed vine leaves in layers.
4. Distribute sliced garlic over stuffed leaves and cover with broth; add olive oil. Cover and cook over low heat for 25 min.
5. Serve with jocoque or hummus.

Arroz Integral Integrain

Ingredientes:
- 2 tazas **Arroz Integral Integrain**
- 3 tazas agua o caldo
- 2-3 Cdas aceite
- sal al gusto
- 2 cditas comino molido
- 1 Cda perejil seco
- 2 cditas ajo en polvo

Procedimiento:
1. Enjuague varias veces el arroz hasta que el agua salga transparente.
2. Ponga el arroz en un colador de malla hasta que se seque.
3. En una olla de presión ponga el aceite a calentar.
4. Cuando el aceite esté caliente, vierta el arroz ya enjuagado en la olla y dórelo removiéndolo frecuentemente, y cuidando que no se queme.
5. Cuando el arroz esté dorado, agregue las 3 tazas de agua, la sal, el comino, el perejil, y el ajo en polvo.
6. Cierre la olla de presión y espere hasta que tenga presión.
7. Baje la flama y deje que se cosa con presión por 25 min.
8. Apague el fuego y retire la olla del calor. Espere hasta que la olla no tenga presión.
9. Destápelo y esponje con un tenedor.

Integrain Brown Rice

Ingredients:
- 2 cups of **Integrain Brown Rice**
- 3 cups of water or broth
- 2-3 Tbsp of oil
- salt to taste
- 2 tsp of ground cumin
- 1 Tbsp of dried parsley
- 2 tsp garlic powder

Procedure:
1. Rinse rice well until water runs completely clear.
2. Put rice in a mesh strainer until dry.
3. Heat oil in a pressure cooker.
4. When oil is hot, pour rinsed rice into the pot and fry it stirring frequently.
5. Add 3 cups of water, salt, cumin, parsley, and garlic powder.
6. Close pressure cooker and wait until it has pressure.
7. Turn heat to low and allow to cook with pressure for 25 min.
8. Remove from heat and wait until pot no longer has pressure.
9. Uncover and fluff rice with a fork.

Loco Moco

Ingredientes:
- 2 tazas **Arroz Integral Integrain** cocido
- 2 Cdas aceite de oliva
- ½ cebolla picada
- 1 diente ajo picado
- 6 champiñones cremini picados
- 500gr. carne molida
- 2 cdita sal
- 2 cdita pimienta negra
- 1 huevo
- 1 Cda **Harina de Trigo Integrain**
- 1 Cda mantequilla
- 1 ½ taza caldo de res
- 2 Cdas salsa de soya
- 1 Cda salsa Worcestershire
- 4 huevos cocidos

Procedimiento:
1. Cocine el arroz como se indica en la receta de la (página 22)
2. **Para las tortitas:** Saltee la cebolla, el ajo y los champiñones en 1 Cda de aceite. Mezcle con la carne molida y agregue sal, pimienta y 1 huevo. Forme 4 tortitas con la mezcla
3. Caliente 1 Cda de aceite de oliva en un sartén de hierro. Coloque las tortitas y cocine por 4 min de ambos lados.
4. **Para el Gravy:** Baje el fuego. Agregue la harina, la mantequilla, el caldo, la salsa de soya y la salsa Worcestershire al sartén. Cocine y revuelva constantemente hasta que espese. Sazone con sal y pimienta al gusto.
5. Sirva comenzando con el arroz, luego las tortitas, luego el huevo cocido y cubra todo con el gravy.

Loco Moco

Ingredients:
- 2 cups cooked **Integrain Brown Rice**
- 2 Tbsp olive oil
- ½ chopped onion
- 1 clove minced garlic
- 6 chopped cremini mushrooms
- 500 gr. ground beef
- 2 tsp salt
- 2 tsp black pepper
- 1 egg
- 1 Tbsp **Whole Wheat Integrain Flour**
- 1 Tbsp butter
- 1 ½ cup beef broth
- 2 Tbsp soy sauce
- 1 Tbsp of Worcestershire sauce
- 4 poached eggs

Procedure:
1. Cook rice as directed In recipe on (page 22)
2. **For Patties:** Sauté onion, garlic, and mushrooms in 1 Tbsp of oil. Mix into ground beef and add salt, pepper, and 1 egg. Form mixture into 4 patties.
3. Heat 1 Tbsp olive oil in a cast iron skillet. Add patties. Cook for 4 min on each side.
4. **For Gravy:** Turn heat to low. Add the flour, butter, broth, soy sauce, and Worcestershire sauce to the skillet. Cook while stirring constantly until thickened. Season with salt and pepper to taste.
5. Assemble starting with rice, then meat patty, then poached egg and top with gravy.

Arroz con Leche

Ingredientes:
- 2 tazas **Arroz Integral Integrain**
- 2 ½ tazas agua
- 1 cdita canela molida
- 1 cdita ralladura de limón, (opc.)
- 1 pizca sal
- 4 tazas leche de vaca
- 1 ½ tazas azúcar
- ⅓ taza uva pasa
- ½ Cda vainilla
- 1 pizca canela molida

Preparación:
1. Enjuague varias veces el arroz hasta que el agua salga transparente.
2. En una olla de presión, ponga el arroz, el agua, 1 cdita de canela, la ralladura de limón y la sal. Cocine por 15-20 min con presión.
3. Agregue la leche y el azúcar, suba el fuego y mezcle hasta que espese.
4. Agregue la vainilla y las pasas y cocine 1 minuto más.
5. Retire del fuego y deje enfriar por 25 min.
6. Pase a copitas individuales. Adorne con pasas y canela molida.

Rice with Milk Pudding

Ingredients:
- 2 cups **Integrain Brown Rice**
- 2 ½ cups water
- 1 tsp ground cinnamon
- 1 tsp grated lemon zest, (opt.)
- 1 pinch of salt
- 4 cups milk
- 1 ½ cups sugar
- ⅓ cup raisins
- ½ Tbsp vanilla
- 1 pinch of ground cinnamon

Procedure:
1. Rinse rice well until water runs completely clear.
2. Put rice, 2 ½ cups of water, 1 tsp of cinnamon, salt and lemon zest in a pressure cooker and cook for 15-20 min with pressure.
3. Add milk and sugar. Raise heat and stir until thick.
4. Add vanilla and raisins and cook 1 min more.
5. Remove from heat and let cool 25 min.
6. Transfer to individual cups. Garnish with raisins and sprinkle with ground cinnamon.

Horchata

Ingredientes:
- 1 ¼ tazas de **Arroz Integral Integrain**
- ½ taza de almendras rebanadas
- 2 ramas de canela
- 4 tazas de agua caliente
- ¼ taza azúcar granulada
- ¼ taza jarabe de maple
- 1 cdita vainilla
- 1 ½ tazas leche entera
- ¾ taza leche evaporada
- ½ taza crema espesa
- una pizca sal

Procedimiento:
1. Coloque el arroz, las almendras, las ramas de canela, y el agua caliente en un recipiente. Cubra y deje remojar durante la noche.
2. Retire las ramas de canela. Licue y cuele en un colador o preferiblemente en una estopilla.
3. Agregue el azúcar, el jarabe de maple, la vainilla, la leche entera, la leche evaporada, la crema, y la sal. Mezcle bien.
4. Sirva con cubitos de hielo y espolvoree con canela molida para decorar.

Horchata

Ingredients:
- 1 ¼ cups **Integrain Brown Rice**
- ½ cup sliced almonds
- 2 cinnamon sticks
- 4 cups hot water
- ¼ cup granulated sugar
- ¼ cup maple syrup
- 1 tsp vanilla
- 1 ½ cups whole milk
- ¾ cup evaporated milk
- ½ cup heavy cream
- pinch of salt

Procedure:
1. Place rice, almonds, cinnamon sticks, and hot water in a covered bowl to soak overnight.
2. Remove the cinnamon sticks. Blend the mixture and strain in a sieve or preferably a cheesecloth.
3. Add sugar, syrup, vanilla, whole milk, evaporated milk, cream, and salt. Mix well.
4. Serve with ice cubes and sprinkle with ground cinnamon to garnish.

FRITURAS DE ARROZ

Ingredientes:
- 2 ½ tazas **Arroz Integral Integrain**
- 3 ½ tazas agua
- ½ Cda sal
- 110 gr carne molida de cerdo o res
- ½ Cda salsa de soya
- ½ cdita polvo de 5 especias
- ½ cdita sal
- ⅓ taza cebollines finamente picados
- 6 huevos grandes
- ½ taza **Harina de Arroz Integrain**
- 4-6 tazas aceite (para freír)

Procedimiento:
1. Ponga el arroz, el agua y ½ Cda de sal en una olla de presión y cocine por 25 min.
2. Triture finamente la carne en un tazón. Agregue la salsa de soya, las cinco especias, y la sal y mezcle bien. Caliente 1 Cda de aceite en un wok y saltee la carne hasta dorar.
3. Vierta el arroz cocido en la carne y agregue 4 huevos y los cebollines. Mezcle bien.
4. Forre una charola de 13"x 9" con papel pergamino y engrase con 1 Cda de aceite. Presione la mezcla de arroz en la charola. Hornee por 20-25 min. a 175 °C y enfríe.
5. Corte el arroz horneado en rectángulos. Bate 3 huevos. Sumerje los rectángulos en los huevos y luego páselos por la harina de arroz.
6. Caliente el aceite y fríe los rectángulos de arroz. Espolvoree con sal.
7. Sirva inmediatamente con salsa Sriracha.

RICE HASH-BROWNS

Ingredients:
- 2 ½ cups **Integrain Brown Rice**
- 3 ½ cups water
- ½ Tbsp of salt
- 110 gr ground pork or beef
- ½ Tbsp soy sauce
- ½ tsp five spice powder
- ½ tsp salt
- ⅓ cup scallions finely chopped
- 6 large eggs
- ½ cup **Integrain Rice Flour**
- 4-6 cups oil (for frying)

Procedure:
1. Put rice, water and ½ Tbsp salt in pressure cooker and cook for 25 min.
2. Finely mash ground meat in a mixing bowl. Add soy sauce, five spice powder, and ½ tsp. salt, and mix. Heat 1 Tbsp of oil in a wok and stir-fry the meat until browned.
3. Pour cooked rice into the meat and add 4 eggs and the scallions. Mix well.
4. Line a 13"x 9" baking pan with parchment paper and grease with 1 Tbsp of oil. Press the rice mixture into the pan. Bake for 20-25 min. at 350 °F, and cool.
5. Cut the baked rice into rectangles. Beat 3 eggs for dipping. Dip rectangles in eggs and then dredge them in rice flour.
6. Heat oil and fry rice sticks until golden brown. Sprinkle with salt.
7. Serve immediately with Sriracha dipping sauce.

GALLETAS DE AVENA CON CHOCO CHIPS

Ingredientes:
- 1 taza mantequilla a temp. ambiente
- ½ taza azúcar moscabado
- ½ taza azúcar estándar
- 2 huevos
- 1 cdita vainilla
- 2 tazas **Harina de Trigo Integrain**
- 1 Cdita bicarbonato de sodio
- 1 Cdita sal de mar
- ½ Cdita canela molida
- 2 tazas **Avena Rolada Integrain**
- 1 taza choco chips

Procedimiento:
1. Precaliente el horno a 190 °C
2. En un recipiente grande, bate la mantequilla hasta que esté cremoso.
3. Añade el azúcar moscabado, el azúcar estándar, y la vainilla y sigue batiendo.
4. Añade los huevos y bate bien. Gradualmente agregue la harina, el bicarbonato, la sal, y la canela. Mezcle bien.
5. Incorpore la avena rolada y las chispas de chocolate
6. Ponga una cdita de masa a la ves sobre una charola para hornear galletas dejando 2" entre cada una.
7. Hornee por 10 min o hasta que las orillas estén doradas.
8. Saque del horno y deje enfriar por 5 min. Después, retire las galletas de la charola y póngalas en otra superficie para que se enfríen completamente.

OATMEAL CHOCOLATE CHIP COOKIES

Ingredients:
- 1 cup butter at room temp.
- ½ cup brown sugar
- ½ cup granulated sugar
- 2 eggs
- 1 tsp vanilla
- 2 cups **Whole Wheat Integrain Flour**
- 1 tsp baking soda
- 1 tsp sea salt
- ½ Tsp cinnamon powder
- 2 cups **Integrain Rolled Oats**
- 1 cup chocolate chips

Procedure:
1. Preheat oven to 375 °F
2. In a large bowl, beat butter until creamy.
3. Add brown sugar, granulated sugar, and vanilla and continue beating.
4. Add eggs and beat well. Gradually add flour, baking soda, salt, and cinnamon. Mix well.
5. Add rolled oats and chocolate chips.
6. Drop dough by teaspoonfuls on a cookie sheet leaving 2" between each one.
7. Bake for 10 min or until edges are golden.
8. Remove from oven and let cool for 5 min. Then, place cookies on a cool surface to cool completely. until golden brown.

 Escocia
 Aperitivo
 24 pz

Biscuits de Avena Con Gravy de Salchicha

Ingredientes para los Biscuits
- 1 ¼ taza **Harina de Trigo Integrain**
- 1 taza **Avena Rolada Integrain**
- 1 Cda polvo para hornear
- ½ cdita bicarbonato de sodio
- 1 cdita azúcar
- ½ cdita sal
- 6 Cdas mantequilla fría rallada
- 2 tazas yoghurt (más extra para cepillar)

Ingredientes para el Gravy:
- 340 gr salchichas picadas
- tocino picado
- 4 rebanadas de jamón en cubos
- ½ cebolla licuada
- 2 Cdas mantequilla
- ⅓ taza **Harina de Avena Integrain**
- ½ cdita sal
- ⅛ cdita pimienta
- 3 tazas leche fría
- queso rallado

Procedimiento:
1. **Biscuits:** Precaliente el horno a 230 °C. Lique la avena con 1 taza de yoghurt.
2. Mezcle la harina, avena licuada, polvo para hornear, bicarbonato, azúcar y sal.
3. Añade la mantequilla y 1 taza de yoghurt y mezcle. Amasa ligeramente la masa sobre una mesa enharinada. Extienda y corte la masa en 8 rectángulos de ¾".
4. Cepille las superficies con yogur y hornee por 10 a 12 min. Sirva con gravy.
1. **Gravy:** Ponga las salchichas, el tocino y el jamón en un sartén y fríe a fuego medio.
2. Añade la mantequilla y la cebolla licuada. Añade la harina de avena, la sal, y la pimienta. Agregue la leche poco a poco, y cocine a fuego lento, revolviendo, hasta que se espese. Agregue el queso y sirva inmediatamente sobre los biscuits partidos.

Buttermilk Oat Biscuits with Sausage Gravy

Ingredients for the Biscuits:
- 1 ¼ cups **Whole Wheat Integrain Flour**
- 1 cup **Integrain Rolled Oats**
- 1 Tbsp baking powder
- ½ tsp baking soda
- 1 tsp sugar
- ½ tsp salt
- 6 Tbsp cold grated butter
- 2 cups buttermilk (extra for brushing)

Ingredients for the Gravy:
- 340 gr sausages
- Bacon
- 4 slices ham sliced into cubes
- ½ onion blended
- 2 Tbsp butter
- ⅓ cup **Integrain Oat Flour**
- ½ tsp salt
- ⅛ tsp pepper
- 3 cup milk cold
- grated cheese

Procedure:
1. **Biscuits:** Preheat oven to 450 °F. Blend oats with 1 cup of buttermilk.
2. In a bowl, whisk flour, blended oats, baking powder, baking soda, sugar and salt.
3. Mix in grated butter. Slowly add and mix in 1 cup of buttermilk.
4. Lightly knead dough on floured counter. Pat and cut dough into 8, ¾" rectangles
5. Brush tops with buttermilk and bake for 10-12 min. Serve with sausage gravy.
1. **Gravy:** Crumble sausages, bacon, and ham into skillet over medium heat.
2. Add blended onion and 2 Tbsp butter. Whisk in oat flour, salt, and pepper, and cook.
3. Gradually whisk in milk, bring to a simmer and cook, stirring, until gravy thickens.
4. Add cheese and serve immediately over warm, split biscuits.

Avena

USA

Entrada

4 - 6

Pastel de Carne con Avena Rollada

Ingredientes:
- 750gr. carne molida
- ¾ taza **Avena Rolada Integrain**
- ¾ taza cebolla finamente picada
- ¼ de taza salsa ketchup
- 1 huevo, ligeramente batido
- 1 Cda salsa Worcestershire o de soya
- 2 dientes de ajo picados
- 1 cdita sal
- ¼ cdita pimienta negra

Procedimiento:
1. Precaliente el horno a 175 °C. En un tazón, combine todos los ingredientes, y mezcle bien hasta incorporar.
2. Ponga la mezcla de pastel de carne en un molde de 10" x 6" y colóquelo en la rejilla superior del horno. Hornee de 50 a 60 min.
3. Deje reposar 5 min antes de rebanar. Cubra y refrigere las sobras y utilícelas dentro de 2 días.

Classic Meatloaf with Rolled Oats

Ingredients:
- 750 gr. ground beef
- ¾ cup **Integrain Rolled Oats**
- ¾ cup finely chopped onion
- ¼ cup ketchup
- 1 egg, lightly beaten
- 1 Tbsp Worcestershire or soy sauce
- 2 cloves garlic, minced
- 1 tsp salt
- ¼ tsp black pepper

Procedure:
1. Heat oven to 350 °F. In a bowl, combine all ingredients, mixing thoroughly.
2. Shape meatloaf mixture into 10" x 6" loaf pan and place on top rack of oven. Bake 50 to 60 min.
3. Allow to cool 5 min before slicing. Cover and refrigerate leftovers and use within 2 days.

Empanadas de Avena con Cerezas

Ingredientes para las Empanadas:
- 2 ½ tazas **Harina de Trigo Integrain**
- 1 taza **Avena Rolada Integrain**
- 1 ¼ cdita sal
- ⅔ taza mantequilla fría
- ½ taza de manteca de cerdo
- 2 huevos
- ¼ taza agua helada
- 1 cdita azúcar
- relleno de cereza
- 1 huevo ligeramente batido para cepillar
- azúcar para espolvorear
- canela para espolvorear

Ingredientes para el Glaseado:
- 1 taza azúcar glass
- 2 Cdas mantequilla a temp. ambiente
- 1 cdita vainilla
- 2 Cdas queso crema
- 2 ½ Cdas leche o crema

Procedimiento:
1. Coloque la avena y el agua en un tazón y deje remojar por 30 min. Escurrir bien.
2. Ponga la harina, la sal, la mantequilla y la manteca en un procesador de alimentos y pulse. Agregue el huevo y pulse hasta incorporar. Agregue la avena remojada y pulse hasta que la masa forme una bola.
3. Amase ligeramente sobre una superficie enharinada y agregue más harina si es necesario. Envuelve la masa en una envoltura de plástico y refrigere por 1 hora.
4. Extienda la masa y corte en círculos de 5". Coloque una cdita de relleno de cereza en el centro de cada círculo. Dóblelos formando un semicírculo y selle las orillas.
5. Cepille con huevo batido y espolvoree con azúcar y canela. Hornee a 190 °C por 15 min. Bate los ingredientes para el glaseado y rocíe las empanadas.

Oat Empanadas with Cherry Filling

Ingredients for Empanadas:
- 2 ½ cups **Integrain Whole Wheat Flour**
- 1 cup **Integrain Rolled Oats**
- 1 ¼ tsp salt
- ⅔ cup cold butter
- ½ cup lard
- 2 eggs
- ¼ cup ice cold water
- 1 tsp. sugar
- cherry filling
- 1 egg lightly beaten for brushing
- sugar for sprinkling
- cinnamon for sprinkling

Ingredients for Glaze:
- 1 cup powdered sugar
- 2 Tbsp butter (room temperature)
- 1 tsp vanilla
- 2 Tbsp cream cheese
- 2 ½ Tbsp milk or cream

Procedure:
1. Place oats in a bowl. Cover with water and soak for 30 min. Drain well.
2. Put flour, salt, butter and lard in a food processor and blend. Add egg and pulse until combined. Add soaked oats and pulse until dough forms a ball.
3. Knead dough lightly on a floured surface adding more flour if needed. Wrap dough in plastic wrap and chill for 1 hour.
4. Thinly roll out dough. Cut dough into 5" circles. Place a tsp of cherry filling in center of each circle. Fold over to make a semicircle, pressing edges to seal.
Brush each empanada with beaten egg, and sprinkle with sugar and cinnamon.
5. Bake empanadas at 375 °F for 15 min. Beat glaze ingredients and drizzle on top.

 Avena   México   Postre   10

Bebida de Avena sabor Vainilla
(Leche de Avena)

Ingredientes:
- 4 ¼ tazas agua
- ¼ de taza azúcar
- 1⅓ tazas **Avena Rolada Integrain**
- 1 Cda vainilla
- ¼ cdita sal

Instrucciones:
1. En una olla pequeña, mezcle ¼ taza de agua con el azúcar. Lleve a ebullición y revuelva para disolver el azúcar. Retire del fuego y deje enfriar por completo.
2. En una licuadora, ponga el agua restante, la avena, el extracto de vainilla, la sal y el jarabe enfriado.
3. Licue la mezcla hasta que quede sin grumos. Cuele la mezcla con un paño limpio en un colador.
4. Guarde la bebida de avena en un recipiente de vidrio hermético en el refrigerador. Agite bien antes de usar. Dura 5 días refrigerado.

Vanilla Oat Beverage
(Oat Milk)

Ingredients:
- 4 ¼ cups water
- ¼ cup sugar
- 1⅓ cups **Integrain Rolled Oat**
- 1 Tbsp vanilla extract
- ¼ tsp salt

Instructions:
1. In a small pot, combine ¼ cup of water with sugar. Bring to a boil and stir to dissolve sugar. Remove from heat and allow to cool completely.
2. In a blender, add the remaining water, oats, vanilla extract, salt, and cooled syrup.
3. Blend mixture until smooth. Strain the mixture through a cheesecloth in a sieve.
4. Store oat beverage in an airtight glass container and keep refrigerated. Shake well before use. Will keep in fridge for 5 days.

Avena Horneada con Bayas Mixtas

Ingredientes:
- 3 tazas **Avena Rolada Integrain**
- 1 taza azúcar morena
- 3 Cdas crema de cacahuate
- 2 huevos
- 1 taza leche
- ½ taza mantequilla derretida
- 2 cdita polvo para hornear
- ¼ cdita sal
- 1 ¼ cdita de canela
- 1 cdita vainilla
- 1 ¼ tazas bayas mixtas congeladas

Procedimiento:
1. Mezcle bien todos los ingredientes menos las bayas congeladas. Cubra y deje remojar por 8 horas o durante la noche.
2. Agregue las bayas y vierta la mezcla en un refractario para hornear engrasado.
3. Hornee a 175 °C por 45-60 min.
4. Sirva con leche o yoghurt y decora con bayas frescas, nuez picada, o tus toppings favoritos.

Mixed Berry Baked Oatmeal

Ingredients:
- 3 cup **Integrain Rolled Oats**
- 1 cup brown sugar
- 3 Tbsp peanut butter
- 2 eggs
- 1 cup milk
- ½ cup melted butter
- 2 tsp baking powder
- ¼ tsp salt
- 1 ¼ tsp cinnamon
- 1 tsp vanilla
- 1 ¼ cup frozen berries

Procedure:
1. Mix all ingredients except berries, cover and soak 8 hours or overnight.
2. Add berries and pour mixture into a greased glass baking pan.
3. Bake at 350 °F for 45-60 min.
4. Serve with milk or yogurt and garnish with fresh berries, chopped nuts or your favorite toppings.

Kiflis de Café y Chocolate

Ingredientes para la masa:
- 1 taza de mantequilla blanda
- 1 taza de queso crema ablandado
- pizca de sal
- 1 Cda de crema ácida
- 2 tazas **Harina de Khorasan Integrain**

Ingredientes para el relleno:
- ½ taza espresso de **Café Integrain**
- 1 ½ taza azúcar
- 2 Cdas cacao

Procedimiento:
1. **Para la masa:** Bate la mantequilla, el queso crema, la sal y la crema ácida.
2. Agregue la harina. Amasar sobre una superficie enharinada hasta que la masa quede suave. Envuelve la masa en una envoltura de plástico y refrigere por 3 horas.
3. **Para el relleno:** En una cacerola, mezcle todos los ingredientes para el relleno y lleve a ebullición. Revuelva mientras hierve hasta que el azúcar y el cacao se disuelvan.
4. Refrigere el relleno, revolviendo ocasionalmente, hasta que espese.
5. Con un rodillo estire la masa fría sobre una superficie enharinada hasta alcanzar aprox. ⅛" de grosor. Corte la masa en cuadritos de 3". Unta una esquina de cada cuadrito con el relleno, y comenzando en esa esquina, enrolle cada cuadrito, curvando los extremos para formar una media luna.
6. Coloque los kiflis en una charola para hornear forrada con papel pergamino, y hornee a 175 °C por 15-20 min. o hasta que estén ligeramente dorados.

Coffee and Chocolate Kiflis

Ingredients for the dough:
- 1 cup softened butter
- 1 cup of softened cream cheese
- pinch of salt
- 1 Tbsp sour cream
- 2 cups **Integrain Khorasan Flour**

Ingredients for the filling:
- ½ cup **Integrain Coffee** espresso
- 1 ½ cups sugar
- 2 Tbsp cacao

Procedure:
1. **For the dough:** Cream together the butter, cream cheese, salt and sour cream.
2. Stir in the flour. Knead the dough on a floured surface until smooth. Cover with plastic wrap and chill for 3 hours.
3. **For the filling:** In a saucepan, mix together all the ingredients for the filling and bring to a boil. Stir while boiling until the sugar and cacao are completely dissolved.
4. Chill filling, stirring occasionally, until thickened.
5. Roll out the chilled dough on a floured surface to about ⅛". Cut the dough into 3" squares. Spread one corner of each square with filling, and starting in that corner, roll up each square and curve in the ends to form a crescent.
6. Place kiflis on cookie sheet lined with parchment paper and bake at 350 °F for 15-20 min. or until edges are golden.

 Café   Hungría   Aperitivo   25 pz

ENSALADA MEXICANA CON VINAGRETA DE CAFÉ

Ingredientes:
- 1 cebolla roja, cortada en cuartos
- 4 tomatillos, cortados en cuartos
- 4 dientes de ajo, finamente picados
- queso de su elección, en rodajas gruesas
- ⅓ taza aceite de oliva (extra para asar)
- 3 tazas verduras de su elección picadas
- ½ pepino, cortado a la mitad
- 1 taza cilantro fresco, picado
- 3 Cda vinagre de sidra de manzana
- 1 Cda miel
- 2 shots de **Café espresso Integrain**
- sal y pimienta negra

Procedimiento:
1. Coloque las cebollas rojas, tomatillos, ajo, queso y ⅓ taza de aceite de oliva en un bolsa. Sazone con sal y pimienta al gusto. Selle la bolsa y revuelva para cubrir. Deje reposar por una hora.
2. **Para la vinagreta:** Bate el vinagre, la miel y el espresso en un tazón mediano hasta incorporar. Añade poco a poco el resto del aceite de oliva y continúe batiendo. Sazone con sal y pimienta al gusto. Cubra y refrigere hasta que esté listo para usar.
3. Retire las cebollas y los tomatillos de la bolsa de plástico y colóquelos en la parrilla. Cocine hasta que estén tiernos y carbonizados (unos 5 min) dándoles vuelta de vez en cuando para que se cocinen parejo. Retírelos de la parrilla y deje que se enfríen.
4. Luego asa el queso hasta que se dore uniformemente por todos lados.
5. Pique las verduras asadas y el queso asado en trozos pequeños.
6. En un tazón, agregue las verduras, el pepino, el cilantro, las verduras asadas y el queso. Sazone con sal y pimienta y rocíe con vinagreta de espresso.

MEXICAN SALAD WITH COFFEE VINAIGRETTE

Ingredients:
- 1 small red onion, quartered
- 4 tomatillos, quartered
- 4 garlic cloves, finely chopped
- cheese of your choice, thickly sliced
- ⅓ cup olive oil (extra for grilling)
- 3 cups chopped greens of choice
- ½ cucumber, halved and sliced
- 1 cup fresh cilantro, chopped
- 3 Tbsp apple cider vinegar
- 1 Tbsp honey
- 2 shots **Integrain Coffee espresso**
- salt and black pepper

Procedure:
1. Put onions, tomatillos, garlic, cheese, and ⅓ cup olive oil in a resealable plastic bag. Season with salt and pepper to taste and toss to coat. Rest mixture rest for one hour.
2. **For vinaigrette:** Whisk vinegar, honey, and espresso together in a medium bowl until dissolved. Gradually add the rest of the olive oil and continue to whisk. Season with salt and pepper to taste. Cover and refrigerate until ready to use.
3. Remove the onions and tomatillos from the plastic bag and place them on the grill. Cook until tender and charred, (about 5 min) turning them occasionally to allow for even cooking. Remove from grill and allow to cool.
4. Next, grill cheese until browned evenly on all sides.
5. Chop grilled vegetables and grilled cheese into small pieces.
6. In a bowl, add greens, cucumber, cilantro, grilled vegetables, and cheese. Season with salt and pepper and drizzle with espresso vinaigrette.

Café

México

Entrada

Bistec Sirloin al Café

Ingredientes:
- 2 bistecs de 226-259 g
- 1 Cda **Café Integrain** molido mediano
- 1 ½ cditas sal
- ½ cdita azúcar mascabado
- ¼ cdita ajo en polvo
- ¼ cdita pimienta negra

Procedimiento:
1. Mezcle los siguientes ingredientes: el café molido, la sal, el azúcar mascabado, el ajo en polvo y la pimienta negra.
2. Seque los bistecs dando palmaditas con una toalla y recórtelos bien.
3. Cubra los bistecs con una capa moderada de la mezcla de café y frótelo bien. Deje reposar la carne a temperatura ambiente por 15 min.
4. Limpie y engrase la parrilla. Precaliente a fuego alto.
5. Coloque la carne en la parrilla caliente, y cocine a fuego alto, volteando cada 4-5 min. Cocine hasta que la temperatura interna alcance de 60 - 63 °C. (de 12 - 15 min. dependiendo de la parrilla y el grosor del bistec)
6. Deje reposar de 5 - 10 min antes de servir.

Coffee Rubbed Sirloin Steak

Ingredients:
- 2 sirloin steaks 8-10 oz each well timed
- 1 Tbsp medium ground **Integrain Coffee**
- 1 ½ tsp salt
- ½ tsp brown sugar
- ¼ tsp garlic powder
- ¼ tsp black pepper

Procedure:
1. Mix the following ingredients: ground coffee, salt, brown sugar, garlic powder and black pepper.
2. Pat dry the steaks and trim them well.
3. Coat steaks with a moderate layer of coffee rub and rub it in well. Let rest at room temperature for 15 min.
4. Clean and oil grill. Preheat on high heat.
5. Place meat on hot grill and cook over high heat flipping every 4-5 min. Cook until internal temperature of about 140- 145 °F. (About 12- 15 min depending on the grill and steak thickness.)
6. Allow to rest for 5-10 min before serving.

Helado de Café

Ingredientes:
- 1 ½ taza leche
- 1 Cda grenetina
- 1 taza azúcar
- 3 tazas crema para batir
- 1 Cda vainilla
- 1 taza **Café Espresso Integrain** (8 shots)

Procedimiento:
1. En una cacerola, remoje la gelatina en la leche por ½ hora.
2. Agregue el azúcar y caliente hasta hervir, revolviendo hasta que la gelatina y el azúcar se disuelvan. Retire del fuego, agregue el espresso, y deje enfriar.
3. Bate la crema y la vainilla. Añade poco a poco la mezcla de café, y sigue batiendo constantemente hasta que quede cremoso y ligero.
4. Ponga la mezcla en el congelador y congele por 4 horas mínimo.
5. Saque el helado y deje descongelar a temperatura ambiente por 30 - 45 min. Ponga el helado en trozos en una licuadora o procesador de alimentos. Pulse o licue hasta que quede espeso y cremoso.
6. Vuelva a poner el helado en el congelador y congele por otras 2 - 4 horas. Saque del congelador y deje a temperatura ambiente por 15 -20 min. antes de servir.

Coffee Ice Cream

Ingredients:
- 1 ½ cups milk
- 1 Tbsp unflavored gelatin
- 3 cups heavy whipping cream
- 1 cup sugar
- 1 Tbsp vanilla
- 1 cup **Integrain Coffee Espresso** (8 shots)

Procedure:
1. In a saucepan, soak gelatin in milk for ½ an hour.
2. Add sugar and bring to a boil, stirring until gelatin and sugar are dissolved. Remove from heat, add espresso, and let cool.
3. Beat cream and vanilla. Gradually add the coffee mixture, and continue beating constantly until light and creamy.
4. Put mixture in the freezer and freeze for at least 4 hours.
5. Take ice cream out of freezer and thaw at room temperature for 30 - 45 min. Put ice cream in chunks in blender or food processor. Pulse or blend until thick and creamy.
6. Return ice cream to freezer and freeze for another 2 - 4 hours. Take out of freezer and thaw at room temperature for 15 -20 min. before serving.

LATTÉ INTEGRAIN

Ingredientes:
- **Café Espresso Integrain**
- Leche al vapor
- Leche espumada

Procedimiento:
1. Prepare un espresso (simple o doble) directamente en una taza para latté.
2. Ponga ⅓ taza de leche en una jarra; se recomienda leche entera.
   Purgue el brazo de vapor antes de vaporizar la leche.
   Espume la leche y crea un agradable micro espuma suave.
3. Después de espumar la leche, golpee suavemente la jarra o golpee en una mesa para quitarle cualquier burbuja de aire grande no deseada.
4. Comience a verter la leche espumada en el espresso desde una posición relativamente alta.
5. Continúe vertiendo mientras baja la leche y aumenta el ángulo de vertido.
6. Asegúrese de que quede una pequeña cantidad de espuma de leche espesa encima después de vertir.
7. Decora con tu arte latté favorito.

INTEGRAIN LATTE

Ingredients:
- **Integrain Coffee Espresso**
- Steamed Milk
- Foamed Milk

Procedure:
1. Prepare an espresso (single or double) directly into a latte glass
2. ⅓ cup of milk in milk jug — whole milk is recommended.
   Purge the steam arm prior to steaming the milk.
   Foam the milk and to creating a nice smooth micro-foam.
3. After foaming/frothing your milk, gently tap the jug or bump on a table to remove any unwanted large air bubbles.
4. Begin pouring the frothed milk to your espresso from a relatively high position.
5. Continue to pour whilst lowering the milk and steepening your pouring angle.
6. Ensure a small amount of stiff milk foam sits on top after pouring.
7. Decorate with you favorite latte art.

PAN DE PLÁTANO Y CAFÉ

Ingredientes:
- ⅔ taza azúcar morena
- ⅓ taza **Café Integrain** cargado
- 1 ½ tazas puré de plátanos maduros
- 1 huevo grande
- 1 clara huevo grande
- 3 Cdas aceite de canola
- 1 cdita extracto de vainilla
- 1 taza **Harina de Trigo Integral Integrain**
- 1 taza **Harina de Khorasan Integrain**
- 1 ½ cdita polvo para hornear
- 1 cdita canela molida
- 1 cdita jengibre molido
- ½ cdita sal de mar
- ¼ cdita bicarbonato de sodio
- 1 taza nuez picada

Procedimiento:
1. Precaliente el horno a 175 °C. Engrase ligeramente un molde para pan de 9" x 5".
2. En un tazón, disuelva el azúcar morena en el café. Agregue los plátanos.
3. En otro tazón, bate el huevo, la clara de huevo, el aceite y la vainilla. Añade la mezcla de plátano y bate hasta incorporar.
4. Mezcle las harinas, el polvo para hornear, la canela, el jengibre, la sal, el bicarbonato y las nueces en un recipiente aparte. Agregue a la mezcla de plátano e incorporar.
5. Vierta la masa en el molde engrasado y hornee hasta que un palillo insertado salga limpio (de 40 - 50 min.).
6. Deje enfriar por 10 min. Invierta el pan sobre una rejilla y deje enfriar completamente.

BANANA COFFEE BREAD

Ingredients:
- ⅔ cup brown sugar
- ⅓ cup hot, **strong Integrain Coffee**
- 1 ½ cups mashed overripe bananas
- 1 large egg
- 1 large egg white
- 3 Tbsp canola oil
- 1 tsp vanilla extract
- 1 cup **Integrain Whole Wheat Flour**
- 1 cup **Integrain Khorasan Flour**
- 1 ½ tsp baking powder
- 1 tsp cinnamon
- 1 tsp ground ginger
- ½ tsp salt
- ¼ tsp baking soda
- 1 cup chopped pecan

Procedure:
1. Preheat oven to 350 °F. Lightly oil a 9" X 5" loaf pan.
2. In a bowl, dissolve brown sugar in coffee. Stir in bananas.
3. In another bowl, whisk together egg, egg white, oil and vanilla. Add the banana mixture
4. Whisk together flours, baking powder, cinnamon, ginger, salt, baking soda, and pecans in a separate bowl. Add to the banana mixture and stir until combined.
5. Pour into the pan and bake until an inserted toothpick comes out clean, (40 to 50 min.)
6. Let cool for 10 min. Invert the loaf onto a rack and let cool completely.

Muffins de Café

Ingredientes:
- 1 ¾ tazas **Harina de Trigo Integrain**
- 2 cdita polvo para hornear
- ¼ cdita sal de mar
- 175 gr o ¾ taza de mantequilla blanda
- 200 gr o 1 taza de azúcar
- ⅔ taza leche
- 2 huevos grandes (ligeramente batidos)
- 2 Cdas **Café Integrain** molido en ¼ taza de agua hirviendo.

Procedimiento:
1. Precaliente el horno a 190 °C. Engrase un molde para muffins o llénalo con capacillos de papel.
2. Mezcle la harina, la sal y el polvo para hornear.
3. En el tazón de una batidora eléctrica, bate la mantequilla y el azúcar hasta que tengan un color claro.
4. Baje la velocidad, y agregue lentamente los huevos batidos, poco a poco.
5. Agregue el café molido remojado, la leche y la mezcla de harina.
6. Distribuya la masa en el molde para muffins. Hornee por 15-20 min, o hasta que al insertar un palillo, éste salga limpio.
7. Deje enfriar. Guarde los muffins en un recipiente hermético.

Coffee Muffins

Ingredients:
- 1 ¾ cups **Integrain Whole Wheat Flour**
- 2 tsp baking powder
- ¼ tsp salt
- 175 g or ¾ cup softened butter
- 200 g or 1 cup sugar
- ⅔ cup milk
- 2 large eggs (lightly beaten)
- 2 Tbsp of ground **Integrain Coffee** in ¼ cup boiling water.

Procedure:
1. Heat oven to 375 °F. Grease muffin pan or line with cups.
2. Whisk the flour, salt and baking powder together.
3. In the bowl of an electric mixer, cream the butter and sugar until it's a light color.
4. At low speed, slowly add the beaten eggs, a little at a time.
5. Add the soaked ground coffee, milk, and flour mixture.
6. Distribute the batter into the muffin pan. Bake for 15-20 min, or until inserted toothpick comes out clean.
7. Allow to cool. Store muffins in an airtight container.

 Café
 Inglaterra
 Desayuno
 12 pz

Tortitas de Cebada

Ingredientes:
- 2 tazas **Cebada Integrain** cocido a presión
- 3 Cda aceite de oliva
- 1" jengibre finamente picado
- 1" chile verde finamente picado
- 8-10 ajos picados
- 2 papas ralladas y hervidas
- 1 zanahoria rallada
- ½ taza espinacas picadas
- 1 cebolla rallada
- ¼ cdita cúrcuma en polvo
- 1 Cda semilla de cilantro en polvo
- ½ cdita comino en polvo tostado
- sal al gusto
- ¾ racimo de cilantro fresco picado
- 1 limón cortado

Procedimiento:
1. Caliente 2 Cdas de aceite en un sartén. Agregue el ajo, el jengibre y el chile verde y saltee por 1 min.
2. Agregue la cebolla, la espinaca, y la zanahoria y saltee por 1-2 min.
3. Añade la cebada y mezcle. Agregue la cúrcuma, la semilla de cilantro, el comino tostado en polvo y la sal, y mezcle.
4. Cocine por 1 min y luego ponga la mezcla a un tazón. Agregue la papa y el cilantro picado y mezcle bien.
5. Caliente el aceite restante en un sartén anti-adherente. Divida la mezcla de cebada en porciones iguales y forme las tortitas.
6. Coloque las tortitas en el sartén y cocine hasta que estén dorados por ambos lados.
7. Sirva calientes con gajos de limón y tu salsa favorita.

Barley Kebabs

Ingredients:
- 2 cups pressure cooked **Integrain Barley**
- 3 Tbsp olive oil
- 1" finely chopped ginger
- 1" finely chopped green chili
- 8-10 minced garlic
- 2 grated boiled potatoes
- 1 grated carrot
- ½ cup chopped spinach
- 1 grated onion
- ¼ tsp turmeric powder
- 1 Tbsp coriander powder
- ½ tsp roasted cumin powder
- salt to taste
- ¾ sprigs chopped fresh cilantro
- 1 cut lemon

Procedure:
1. Heat 2 Tbsp oil in a pan. Add garlic, ginger and green chili and sauté for a min.
2. Add onion, spinach, and carrot and sauté for 1-2 min.
3. Mix in barley. Add turmeric, coriander, roasted cumin powder, and salt and mix.
4. Cook for 1 min and then transfer the mixture into a bowl. Add potato and cilantro and mix well.
5. Heat the remaining oil in a non stick pan. Divide the barley mixture into equal portions and shape each portion into a kebab.
6. Place kebabs in the pan and cook until golden on both sides.
7. Serve hot with lemon wedges and your favorite dipping sauce.

Sopa de Cebada Perla

Ingredientes:
- 1 Cda aceite
- ¼ taza cebolla picada
- 1 diente de ajo picado
- 1 taza tomates picados
- 2 tazas caldo de pollo
- 2 tazas agua
- Sal al gusto
- 1 cdita pimentón
- 2 chiles de árbol (opc)
- 2 granos de pimienta
- 2 Cdas perejil seco
- 1 ½ cditas pimienta de Jamaica (opc)
- ¼ taza **Cebada Integrain**
- perejil para decorar
- hojuelas de chile para decorar
- jugo de limón (si lo desea)

Procedimiento:
1. Fríe la cebolla, el ajo y la cebada en 1 Cda de aceite.
2. Agregue los tomates.
3. Añade el caldo y el agua. Sazone con sal, pimentón y pimienta de Jamaica.
4. En un molinillo para especias muela el chile de árbol, pimienta en grano y perejil, y agregue a la sopa.
5. Adorne con hojuelas de chile y perejil. Agregue jugo de limón al gusto.

Pearl Barley Soup

Ingredients
- 1 Tbsp oil
- ¼ cup chopped onion
- 1 clove garlic, chopped
- 1 cup chopped tomatoes
- 2 cups chicken broth
- 2 cups water
- salt to taste
- 1 tsp paprika
- 2 chiles de arbol (opt)
- 2 peppercorns
- 2 Tbsp dried parsley
- 1 ½ tsp allspice (opt)
- ¼ cup **Integrain Barley**
- parsley to garnish
- chili flakes to garnish
- lime juice (if desired)

Procedure:
1. Fry the onion, garlic, and barley in 1 Tbsp oil.
2. Add the tomatoes.
3. Pour in the broth and water. Season with salt, paprika and allspice.
4. Grind chile de árbol, peppercorns, and dried parsley in a spice grinder and add to soup.
5. Garnish with chili flakes and parsley. Add lime juice to taste.

Pimientos Rellenos de Cebada

Ingredientes:
- 2 tazas **Cebada Integrain** cocida
- 2 Cda aceite de oliva
- 2 tazas champiñones cremini rebanadas
- sal y pimienta negra
- ½ taza queso parmesano rallado
- 1 taza queso mozzarella en cubitos
- ¼ taza perejil fresco picado
- 2 pimientos morrón partidos, sin semillas
- 1 taza pan molido (página 282)
- pizca ajo en polvo

Procedimiento:
1. Cocine la cebada con 1 - 2 dientes de ajo. Ponga la cebada en un tazón y reserve.
2. Precaliente el horno a 175 °C.
3. Caliente el aceite de oliva a fuego medio. Añade los champiñones y sazone con una pizca de sal, pimienta negra, y ajo en polvo. Cocine de 3 a 4 min. Use pinzas para voltearlos y cocine por otros 2 a 3 min.
4. Agregue los champiñones cocidos a la cebada.
5. Agregue los quesos y el perejil y revuelva para combinar.
6. Divide el relleno de cebada en partes iguales entre las mitades de morrón y rocíe con sal al gusto.
7. Hornee hasta que los pimientos estén tiernos, unos 20 - 30 min.
8. Espolvoréa los pimientos con el pan molido y hornee de 5 - 10 min más.

Barley-Stuffed Peppers

Ingredients:
- 2 cups cooked **Integrain Barley**
- 2 Tbsp olive oil
- 2 cups sliced cremini mushrooms
- salt and black pepper
- ½ cup grated Parmesan cheese
- 1 cup small-diced fresh mozzarella
- ¼ cup chopped fresh parsley
- 2 bell peppers, halved and seeded
- 1 cup bread crumbs (page 282)
- pinch of garlic powder

Procedure:
1 Cook the barley with 1 - 2 cloves of garlic. Transfer the barley to a bowl and set aside.
2. Preheat the oven to 350 °F.
3. Heat olive oil over medium heat. Add the mushrooms and season with a pinch of salt, black pepper, and garlic powder. Cook for 3 to 4 min. Use tongs to flip the mushrooms and cook for another 2 to 3 min.
5. Add the cooked mushrooms to the barley.
6. Add the cheeses and the parsley to the bowl and stir to combine.
7. Divide the barley filling evenly among the pepper halves and salt to taste.
8. Bake until the peppers are tender, about 20 - 30 min.
9. Sprinkle peppers with bread crumbs and bake for 5 to 10 min more.

Flan de Cebada

Ingredientes:
- 1 ¼ tazas agua
- ½ taza **Cebada Integrain**
- ¼ cdita sal
- 2 tazas leche
- 1 taza crema espesa para batir
- ½ taza azúcar
- 2 huevos
- 1 cdita extracto de vainilla
- ½ taza pasas
- ¼ cdita canela molida

Procedimiento
1. Cocine a presión la cebada con sal. En una cacerola, ponga a hervir el agua y agregue la cebada cocida. Añade la leche y cuece a fuego medio por 10 min.
2. En un tazón, bate la crema, el azúcar, los huevos y la vainilla. Agregue gradualmente la cebada cocida con leche.
3. Distribuya la mezcla en ocho cuencos de 6 oz. para hornear, engrasados. Espolvoree con pasas y canela.
4. Coloque los cuencos de flan en dos refractarios cuadrados de 9". Llene ambos refractarios con agua hirviendo a una profundidad de 1 pulgada.
5. Hornee, destapado, a 175 °C por 30-35 min o hasta que un cuchillo insertado en el centro salga limpio. Conserve en el refrigerador.

Barley Custard

Ingredients:
- 1 ¼ cups water
- ½ cup **Integrain Barley**
- ¼ tsp salt
- 2 cups milk
- 1 cup heavy whipping cream
- ½ cup sugar
- 2 eggs
- 1 tsp vanilla extract
- ½ cup raisins
- ¼ tsp ground cinnamon

Procedure
1. Pressure cook barley with salt. In a saucepan bring water to boil and add cooked barley. Add milk and cook over medium heat for 10 min.
2. In a bowl, whisk the cream, sugar, eggs and vanilla. Gradually stir in the barley mixture.
3. Spoon into eight greased 6-oz. custard cups. Sprinkle with raisins and cinnamon.
4. Place custard cups in two 9-in. square baking pans. Fill both pans with boiling water to a depth of 1 in. Bake, uncovered, at 350 °F for 30-35 min or until a knife inserted in the center comes out clean. Store in the refrigerator.

CEREAL DE CEBADA CON COMPOTA DE MANZANA

Ingredientes para la Compota:
- 1 taza azúcar
- 2 manzanas peladas y rebanadas
- 1 taza agua
- ½ cdita canela molida

Ingredientes para el Cereal:
- ½ taza almendras rebanadas
- 4 tazas leche entera
- 4 tazas **Cebada Integrain** cocida
- 1 cdita sal
- 1 cdita canela
- 2 cditas vainilla
- ⅓ taza azúcar
- 1 taza crema espesa

Procedimiento:
1. **Para la Compota:** Hierve el agua, el azúcar, las manzanas y la canela en un sartén a fuego medio. Cocine, revolviendo con frecuencia por 10 - 15 min. Deje enfriar.
2. **Para el Cereal:** Precaliente el horno a 175 °C. Tueste las almendras en una bandeja para hornear, revolviendo hasta que estén doradas, (de 5 a 7 min.) Deje enfriar.
3. Combine el agua, la leche, la cebada cocida, la sal y la canela en una cacerola. Hierve hasta que empiece a espesar. Retire del fuego y agregue la vainilla y el azúcar, revolviendo hasta disolver el azúcar.
4. Bate la crema en un bol hasta obtener picos suaves.
5. Añade la crema batida y la mitad de las almendras doradas al cereal y mezcle suavemente. Servir cubierto con compota y almendras restantes.

BARLEY PORRIDGE WITH APPLE COMPOTE

Ingredients for Compote:
- 1 cup sugar
- 2 apples, peeled and sliced
- 1 cup water
- ½ tsp cinnamon

Ingredients for Porridge:
- ½ cup sliced blanched almonds
- 4 cups whole milk
- ¾ cup cooked **Integrain Barley**
- 1 tsp salt
- 1 tsp of cinnamon
- 2 tsp vanilla
- ⅓ cup sugar
- 1 cup heavy cream

Procedure:
1. **Compote:** Bring water, sugar, apples, and cinnamon to a simmer in a pan over medium heat. Cook, stirring often for 10 - 15 min. Let cool.
2. **Porridge:** Preheat oven to 350 °F. Toast almonds on a baking sheet, tossing until golden brown, (5–7 min.) Let cool.
3. Combine water, milk, cooked barley, salt and cinnamon in a pot. Heat until starting to thicken, remove from heat and add vanilla and sugar, stirring to dissolve sugar.
4. Whisk cream in a bowl until soft peaks form. Fold into porridge and stir in half of the toasted almonds. Serve topped with compote and remaining almonds.

Tortitas de Centeno con Feta y Calabacita

Ingredientes:
- 1 taza tomates cherry partidos
- 3 tazas calabacín rallado
- ¾ cdita sal, dividida
- 2 tazas de **Centeno Integrain** cocido
- ½ taza pan integral molido
- ¼ taza cebolla morada picada
- ¼ taza queso feta desmenuzado
- ½ taza jocoque
- 3 Cdas **Harina de Trigo Integrain**
- 2 cditas sal de ajo
- 2 cditas albahaca seca
- ½ cdita pimienta negra
- ½ cdita tajín
- 2 huevos grandes
- 2 Cdas aceite de oliva
- ¼ taza **Harina de Khorasan Integrain**

Procedimiento:
1. Precaliente el horno a 220 °C Extienda los tomates en una bandeja para hornear con papel pergamino. Hornee por 15 min.
2. Coloque el calabacín rallado en una toalla con ¼ de cdita de sal. Deje reposar 5-10 min, luego exprima toda la humedad que pueda sobre el fregadero.
3. En un tazón, combine el calabacín, el centeno cocido, el pan molido, la cebolla, el queso feta, las harinas, el ajo, la albahaca, la pimienta, el tajín, los huevos y ½ cdita de sal. Revuelva hasta que esté bien combinado.
4. Forme pequeñas tortitas y fríelas hasta que estén doradas por ambos lados (10 min.)
5. Sirva las tortitas con jocoque y tomates cherry asados.

Zucchini Feta Rye Berry Patties

Ingredients:
- 1 cup halved cherry tomatoes
- 3 cups shredded zucchini
- ¾ tsp salt, divided
- 2 cups cooked **Integrain Rye**
- ½ cup whole grain bread crumbs
- ¼ cup diced red onion
- ¼ cup feta cheese crumbles
- ½ cup jocoque
- 3 Tbsp **Integrain Wheat Flour**
- 2 tsp garlic salt
- 2 tsp dried basil
- ½ tsp black pepper
- ½ tsp tajin
- 2 large eggs
- 2 Tbsp olive oil
- ¼ cup **Integrain Khorasan Flour**

Procedure:
1. Preheat oven to 425 °F Spread cherry tomatoes out on a parchment lined baking sheet. Bake for 15 min.
2. Place shredded zucchini In a towel with ¼ tsp salt. Let this rest 5-10 min, then squeeze out as much moisture as you can over the sink.
3. In a bowl, combine zucchini, cooked rye, bread crumbs, onion, feta, flours, garlic, basil, pepper, tajin, eggs and remaining ½ tsp salt. Stir until well combined.
4. Form into small patties and fry them until golden brown on both sides, (10 min.)
5. Serve patties with jocoque and roasted cherry tomatoes.

Ensalada De Zanahoria Y Centeno

Ingredientes para la ensalada:
- 1 taza **Centeno Integrain**
- ½ cdita sal
- 4 tazas agua
- 2 tazas de zanahorias picadas
- ½ taza de apio picado

Ingredientes para el aderezo:
- ¼ taza de aceite
- 3 Cdas de vinagre de vino tinto

Procedimiento:
1. Hierve el centeno en 4 tazas de agua con ½ cdita de sal por 60-75 min. Escurra y deje enfriar.
2. Agregue las zanahorias y el apio.
3. Mezcle el aceite y el vinagre. Rocíe la ensalada con el aderezo y sirva.

Carrot & Rye Salad

Ingredients for salad:
- 1 cup **Integrain Rye**
- ½ tsp salt
- 4 cups water
- 2 cups chopped carrots
- ½ cup chopped celery

Ingredients for dressing:
- ¼ cup oil
- 3 Tbsp red wine vinegar

Procedure:
1. Boil rye in 4 cups of water with ½ tsp salt for 60-75 min. Drain and cool.
2. Add carrots and celery
3. Mix oil and vinegar. Drizzle salad with dressing and serve.

FRITTATA DE COL RIZADA Y CENTENO

Ingredientes:
- 2 Cdas aceite
- 1 diente ajo picado
- 12 huevos grandes
- ½ taza crema líquida
- ¼ cdita pimienta
- 2 cditas sal
- ½ cebolla picada
- 4 onzas col rizada picada
- 1 taza **Centeno Integrain** cocido
- tocino frito en trocitos
- ¼ taza crema ácida
- ¼ taza queso rallado
- ¼ taza requesón

Procedimiento:
1. Fríe la cebolla, el ajo, y la col rizada con el aceite en un sartén de hierro u otra olla apta para el horno.
2. Luego agregue los huevos, el centeno cocido, la crema, la sal, la pimienta y el tocino en trozos. Bate bien todo.
3. Hornee a 175 °C por 20 min. y luego cubra con la crema ácida, el requesón y el queso rallado. Gratine hasta que se derrita y se dore un poco el queso. Sirva caliente

KALE AND RYE FRITTATA

Ingredients:
- 2 Tbsp oil
- 1 clove garlic, minced
- 12 large eggs
- ½ cup cream
- ¼ tsp pepper
- 2 tsp salt
- ½ onion, chopped
- 4 ounces kale, chopped
- 1 cup cooked **Integrain Rye**
- fried bacon bits
- ¼ cup sour cream
- ¼ cup shredded cheese
- ¼ cup cottage cheese

Procedure:
1. Fry the onion, garlic and kale with the oil in a cast iron skillet or other oven-safe pan.
2. Then add the eggs, cooked rye, cream salt, pepper, and bacon bits. Whisk well.
3. Bake at 350 °F for 20 min. and then top with sour cream, cottage cheese and grated cheese. Broil a few min until cheese is melted and slightly browned. Serve hot.

Pudín de Centeno

Ingredientes:
- 1 taza **Centeno Integrain** cocido
- 3 tazas más 2 Cdas leche
- 1 rama de canela
- 1 tira de cáscara de limón
- Pizca de sal
- ½ taza jarabe de maple
- 1 cdita extracto de vainilla
- ½ cdita canela molida
- ½ taza crema para batir

Procedimiento:
1. Coloque el centeno cocido y 2 Cdas de leche en un procesador de alimentos. Pulse, raspando los lados según sea necesario, hasta que la mayoría de los granos de centeno estén picadas en trozos.
2. Combine el centeno, las 3 tazas de leche, el jarabe de maple, la vainilla, la rama de canela, la cáscara de limón y la sal en una olla y llevar a ebullición. Reduzca el fuego y cuece a fuego lento, revolviendo hasta que la mezcla esté espesa, como de 20-30 min. Retire del fuego y saque la rama de canela y la cáscara de limón.
3. Sirva caliente o frío, espolvoreado con canela molida y cubierto con crema batida, (Agregue más leche si el pudín se vuelve demasiado espeso)

Rye Pudding

Ingredients:
- 1 cup cooked **Integrain Rye**
- 2 Tbsp plus 3 cups milk
- 1 cinnamon stick
- 1 strip lemon zest
- Pinch of salt
- ½ cup maple syrup
- 1 tsp vanilla extract
- ½ tsp ground cinnamon
- ½ cup whipping cream

Procedure:
1. Place the cooked rye and 2 Tbsp of milk in a food processor. Pulse, scraping down the sides as necessary, until most of the rye berries are coarsely chopped
2. Combine the chopped berries, the remaining 3 cups milk, maple syrup, vanilla, cinnamon stick, lemon zest and salt in a pot and bring to boil. Reduce heat to low and cook stirring until mixture is thick, about 20-30 min. Remove from heat and discard the cinnamon and zest.
3. Serve warm or chilled, sprinkled with cinnamon and topped with whipped cream. (Stir in more milk if the pudding gets too thick)

Centeno | Inglaterra | Postre | 4

Cereal De Centeno con Fresas y Almendras

Ingredientes:
- 1 taza **Centeno Integrain**
- 4 tazas agua
- ¼ cdita sal
- 2 tazas leche entera
- 1/4 taza crema líquida
- 1 cdita extracto de vainilla
- 300 gr. fresas, picadas
- 2 cditas jugo de limón
- 2 Cdas miel
- 1 Cda agua
- almendras tostadas y fileteadas
- endulzante al gusto

Procedimiento:
1. Cuece el centeno en 4 tazas de agua con ¼ cdita de sal de 60 a 75 min.
2. Agregue leche y crema al centeno y cocine otros 10 min.
3. Agregue extracto de vainilla y endulzante.
4. Combine las fresas, el jugo de limón, la miel y 1 Cda de agua en una olla pequeña y hierva por 2 min.
5. Sirva el cereal con la cobertura de fresas y las almendras fileteadas

Strawberry Almond Rye Porridge

Ingredients:
- 1 cup **Integrain Rye**
- 4 cups water
- ¼ tsp salt
- 2 cups whole milk
- 1 tsp vanilla extract
- ¼ cup heavy cream
- 300 g. strawberries, chopped
- 2 tsp lemon juice
- 2 Tbsp honey
- 1 Tbsp water
- toasted, slivered almonds
- sweetener to taste

Procedure:
1. Cook rye in 4 cups of water with ¼ tsp salt for 60 to 75 min.
2. Add milk and cream to the rye and cook another 10 min.
3. Add vanilla extract and sweetener.
4. Combine strawberries, lemon juice, honey, and 1 Tbsp of water in a small saucepan and boil for 2 min.
5. Serve porridge with strawberry topping and sprinkle with almonds.

Espelta Frita

Ingredientes:
- **Espelta Integrain**
- Aceite para freír
- Sal marina

Procedimiento:
1. Cocine la espelta hirviéndola en agua por 1 hora. Luego escúrrela en un colador de malla. Deje reposar la espelta en el colador por aprox. media hora, para asegurarse de que esté lo más seco posible.
2. Caliente el aceite hasta 190 °C. Agregue ¼ de taza de espelta cocida a la vez y fríelos por unos 2 min. No explotarán como lo hacen las palomitas de maíz, pero sí se hincharán. Saque la espelta del aceite caliente y coloque en papel absorbente.
3. Repita hasta que toda la espelta esté frita. (Si la espelta frita queda masticable en lugar de crujiente, no se frió el tiempo suficiente. Vuelva a colocarlo en el aceite y fríelo por uno o dos min más.)
4. Espolvoree con sal de mar y sirva como botana.

Country Fried Spelt

Ingredients:
- **Integrain Spelt**
- Oil for deep frying
- Sea Salt

Procedure:
1. Cook spelt berries by boiling in water for 1 hour. Then drain the cooked spelt in a fine mesh strainer. Allow the spelt to sit in the strainer for about half an hour, to make sure it is as dry as possible.
2. Heat the oil up to 375 °F. Put ¼ cup of cooked spelt at a time and fry for about 2 min. It won't pop the way popcorn does, but it will puff up pleasantly. Remove the spelt from the hot oil and place on absorbent paper towels.
3. Repeat until all the spelt is fried. (If fried spelt is chewy instead of crispy, it wasn't fried long enough. Put it back into the oil and fry it for another min or two.)
4. Sprinkle with sea salt and serve as a snack.

Ensalada de Espelta

Ingredientes:
- ½ taza **Espelta Integrain**
- 200 gr espinacas o col rizada
- 1 pimiento morrón
- 1 zanahoria
- 3 cebolletas
- 1 puño de su elección de lechuga fresca
- 1 puño de albahaca fresca
- 1 aguacate
- aceite de oliva
- 1 Cda semillas de ajonjolí molidas
- 1 diente de ajo
- 1 limón
- sal, pimienta

Procedimiento:
1. Cocine la espelta en agua hirviendo por unos 40 min.
2. Corte el pimiento en trocitos pequeños y troce las espinacas/col rizada. Caliente un poco de aceite de oliva en una sartén y agregue las espinacas/col rizada y el pimiento morrón. Cocínelos por unos 5 min.
3. Corte la zanahoria, las cebolletas, y el aguacate en trozos pequeños, y póngalos en un tazón. Pica la albahaca y la lechuga en trozos pequeños y agrégalos también. Agregue las espinacas y el morrón cocidos.
4. Prepare el aderezo mezclando el ajonjolí, el ajo picado, el jugo de 1 limón, un poco de aceite de oliva, sal y pimienta.
5. Cuando la espelta esté cocida, escurra y deje que se enfríe un poco. Luego agréguelo a las verduras.
6. Vierta el aderezo sobre la ensalada y sirva.

Spelt Salad

Ingredients:
- ½ cup of **Integrain Spelt**
- 200g spinach or kale
- 1 bell pepper
- 1 carrot
- 3 scallions
- 1 big handful fresh greens of choice
- 1 handful of fresh basil
- 1 avocado
- olive oil
- 1 Tbsp ground sesame seed
- 1 clove of garlic
- 1 lime
- salt, pepper

Procedure:
1. Cook the spelt for about 40 min.
2. Cut the bell pepper into small pieces and slice the spinach. Heat a bit of olive oil in a pan and add the spinach/kale and bell pepper. Cook them for about 5 min.
3. Cut carrot, scallions, and avocado into small pieces and add them to a big bowl. Chop the basil and greens into small pieces and add them too. Add the cooked spinach and bell pepper.
4. Prepare the dressing by mixing the sesame, chopped garlic, juice of 1 lime, a little bit of olive oil, salt and pepper.
5. When the spelt is cooked, drain and let cool a bit. Then, add to the vegetables.
6. Drizzle the dressing over the salad and serve

Sopa Estilo Campestre con Espelta

Ingredientes:
- 2 Cdas aceite de canola
- 2 ½ cebollas
- 4 dientes de ajo
- 3 tazas grano **Espelta Integrain**
- 3 ½ tazas lentejas
- 1 ¾ taza tomates enlatados (picados)
- ½ tazas caldo de verduras
- 7 tazas agua
- sal marina y pimienta molida al gusto
- 2 ½ cditas orégano seco

Procedimiento:
1. Enjuague y escurra las lentejas y la espelta y reserve.
2. Prepare las verduras: Pique finamente la cebolla y pique o prense el ajo.
3. En una olla, fríe la cebolla y el ajo en el aceite a fuego medio hasta que se ablanden. Añade las lentejas y la espelta y agregue los tomates, el agua, el caldo, la sal y la pimienta.
4. Lleve a ebullición, reduzca el fuego, cubra y cocine a fuego lento por unos 35 min o hasta que se cuecen las lentejas y la espelta.
5. Si la sopa queda demasiado espesa, se puede diluir con un poco de caldo o agua. Sazone con orégano, sal y pimienta, y sirva.

Country Style Soup with Spelt

Ingredients:
- 2 Tbsp canola oil
- 2 ½ onions
- 4 cloves garlic
- 3 cups **Integrain Spelt**
- 3 ½ cups lentils
- 1 ¾ cup canned tomatoes (diced)
- ½ cups vegetable broth
- 7 cups water
- sea salt and ground pepper to taste
- 2 ½ tsp dried oregano

Procedure:
1. Rinse and drain the lentils and spelt, then set aside.
2. Prepare the vegetables : Finely chop the onion and mince or press the garlic.
3. In a pot, fry the onion and garlic in the oil over medium heat until softened. Add the lentils and spelt. Add the tomatoes, broth, water, salt and pepper.
4. Bring to a boil, reduce heat, cover and simmer for about 35 min or until the lentils and spelt are cooked.
5. If the soup is too thick, it may be thinned with a little broth or water. Season with oregano, salt and pepper, and serve.

Barras de Chocolate con Espelta

Ingredientes:
- ½ taza **Espelta Integrain**
- ½ taza arándanos secos
- 1 taza chocolate amargo picado
- 1 Cda aceite de coco
- una pizca de sal

Procedimiento:
1. Forre un molde de 9" x 3" con plástico o papel de aluminio.
2. Caliente una olla para palomitas de maíz a fuego medio. Coloque la espelta en la olla, tape, y mantenga la olla en movimiento constante. Los granos deben comenzar a tronar en breve. Sigue moviendo la olla hasta que el estallido disminuya. Retire del fuego e inmediatamente vierta los granos reventados en un tazón.
3. Agregue los arándanos secos y mezcle bien.
4. Derrita el chocolate y el aceite de coco juntos en un tazón a baño maría. Revuelva ocasionalmente hasta que el chocolate se derrita por completo. Retire del fuego y agregue la sal.
5. Vierta el chocolate derretido sobre la espelta reventada y los arándanos secos y mezcle bien.
6. Extienda y presione la mezcla en el molde forrado.
7. Refrigere por 2 horas o hasta que el chocolate esté duro. Retire del refrigerador y corte en barras de aproximadamente 1" x 3". Guarde las barras en un recipiente hermético en el refrigerador.

Spelt Chocolate Bars

Ingredients:
- ½ cup **Integrain Spelt**
- ½ cup craisins
- 1 cup chopped dark chocolate
- 1 Tbsp coconut oil
- pinch of salt

Procedure:
1. Line a 9" x 3" pan with plastic or foil.
2. Heat a pot or popcorn popper over medium heat. Place the spelt in the pot, cover, and keep the pot moving constantly. Grains should begin popping shortly. Keep moving the pot until the popping slows. Remove from heat and immediately pour the popped grains into a bowl.
3. Add craisins and mix well.
4. Melt chocolate and coconut oil in a bowl over simmering water. Stir occasionally until the chocolate is completely melted. Remove from heat and stir in the salt.
5. Pour the chocolate over the popped spelt and craisins and stir well.
6. Spread and press the mixture into lined pan.
7. Refrigerate for 2 hours or until chocolate is hard. Remove from fridge and cut into 1" x 3" bars. Store bars in an airtight container in the fridge.

Espelta | Integrain | Postre | 8 pz

Desayuno de Yoghurt con Espelta

Ingredientes:
- 1 taza **Espelta Integrain**
- 3 tazas agua
- 1 taza bayas congeladas
- 1 taza yoghurt griego
- ⅓ taza almendras
- ¼ taza semillas de linaza
- ¼ taza coco rallado

Procedimiento:
1. En una cacerola con tapa, agregue los granos de espelta y el agua y deje hervir. Una vez hirviendo, reduzca el fuego y cuece a fuego medio hasta que los granos estén bien cocidos Agregue más agua si es necesario.
2. Escurra los granos de espelta, y si no los va usar inmediatamente, colóquelos en un recipiente hermético y guárdelos en el refrigerador.
3. Prepare 4 tazones de desayuno llenando cada uno con ¼ taza de yoghurt, ¼ de los granos de espelta, y ¼ taza de bayas congeladas. Cubra con las almendras, las semillas y el coco rallado.

Spelt Yogurt Breakfast Bowl

Ingredients:
- 1 cup whole **Integrain Spelt**
- 3 cups water
- 1 cup frozen berries,
- 1 cup Greek yogurt
- blueberries, blackberries, raspberries, etc.
- ⅓ cup almonds,
- ¼ cup flax seeds
- ¼ cup shredded coconut

Procedure:
1. In a pan with lid, add spelt grains and water and bring to a boil. Once boiling, reduce heat to medium until kernels are well cooked Add more water if necessary.
2. Drain spelt grains, place in air tight container and store in fridge if you want to use them later.
3. Prepare 4 breakfast bowls by adding ¼ cup of yogurt, ¼ of cooked spelt, and ¼ cup of frozen berries in each one. Top with almonds, seeds and shredded coconut.

Tazón de Verduras

Ingredientes
- 1 ½ tazas **Khorasan Integrain**
- ½ libra brócoli cortado
- 1 taza ejotes
- ¾ taza mayonesa ligera
- 1 taza yoghurt griego
- ¼ Cda perejil, picado
- 2 Cdas eneldo picado
- ½ taza germinados crujientes
- 2 Cda aceite de oliva
- 1 Cda cebollín picado
- 2 cdita mostaza de Dijon
- 1 cdita azúcar
- 1 cdita sal de ajo
- 6 onzas espinacas tiernas
- 2 Cda jugo de limón fresco

Procedimiento:
1. Combine el grano khorasan con 4 tazas de agua en un tazón y deje remojar durante la noche.
2. Escurra el khorasan y transfiérelo a una olla. Agregue 4 ½ tazas de agua ligeramente salada y llevar a ebullición. Cubra, y reduzca el fuego. Cocine a fuego lento 35 min.
3. Agregue el brócoli y los ejotes a la olla con Khorasan. Cubra y cocine 5 min. Drene y enjuague con agua fría.
4. **Para el aderezo:** mezcle la mayonesa, el yoghurt, el perejil, el eneldo, el jugo de limón, el aceite de oliva, el cebollín, la mostaza, el azúcar y ½ cdita de sal de ajo.
5 En un tazón grande, combine la espinaca, la mezcla de Khorasan y los germinados. Mezcle suavemente. Sazone con la ½ cdita de sal de ajo restante y revuelva otra vez.
6. Sirva acompañado con el aderezo

Veggie Bowl

Ingredients
- 1 ½ cups **Integrain Khorasan**
- ½ pound cut broccoli crowns
- 1 cup green beans
- ½ cup light mayonnaise
- cup Greek yogurt
- ¼ Tbsp parsley, chopped
- 2 Tbsp chopped dill
- ½ cup crunchy sprouts
- 2 Tbsp olive oil
- 1 Tbsp snipped chives
- 2 tsp country Dijon mustard
- 1 tsp sugar
- 1 tsp garlic
- 1 six ounce baby spinach
- 2 Tbsp fresh lemon juice

Procedure:
1. Combine Khorasan berries and 4 cups water in a bowl. Soak overnight.
2. Drain Khorasan and transfer to ac pot. Add 4 ½ cups lightly salted water and bring to a boil. Cover and reduce heat to medium. Simmer 35 min.
3 Add broccoli and green beans to pot with Khorasan. Cover and cook 5 min. Drain and rinse with cool water.
4 **For the dip:** whisk together mayonnaise, yogurt, parsley, dill, lemon juice, olive oil, chives, mustard, sugar and ½ tsp of the garlic salt.
5 In a large bowl, combine spinach, Khorasan mixture, and the sprouts. Gently toss. Season with remaining ½ tsp garlic salt and toss again.
6. Serve with the dip.

 Khorasan
 USA
 Aperitivo
 4

Ensalada Griega con Camarones y Khorasan

Ingredientes:
- 1 taza **Khorasan Integrain**
- 3 tazas agua
- 1 cdita de sal
- ⅓ taza vinagre de vino tinto
- ⅓ taza aceite de oliva virgen extra
- 340 gr camarones cocidos pelados y desvenados
- 1 diente de ajo grande, finamente rallado
- verduras (de su elección)
- 8 tomates cherry picados
- 4 cebollas rabo rebanadas
- 4 onzas queso en cubos (opc.)

Procedimiento:
1. Remoje el khorasan durante la noche. Cuece el khorasan en agua con sal por 30 min.
2. Mezcle el vinagre, el aceite, el ajo y las verduras. Agregue los camarones cocidos y revuelva bien. Cubra y refrigere por 30 min.
2. Agregue el khorasan escurrido y enfriado, los tomates y las cebollas a las mezcla con camarones. Sazone con sal y pimienta, y revuelva bien. Añade el queso y rocíe con aceite de oliva al gusto antes de servir.

Greek Salad with Shrimp and Khorasan

Ingredients:
- 1 cup **Integrain Khorasan**
- 3 cups water
- 1 tsp kosher salt
- ⅓ cup red wine vinegar
- ⅓ cup extra-virgin olive oil
- 350 gr peeled, cleaned and cooked shrimp
- 1 large garlic clove, finely grated
- greens (of your choice)
- 8 sliced cherry tomatoes
- 4 sliced scallions
- 4 ounces cubed cheese (opt.)

Procedure:
1. Soak khorasan overnight. Cook khorasan in boiling water for 30 min.
2. Whisk together vinegar, oil, garlic and greens. Add cooked shrimp and toss well. Cover and refrigerate for 30 min.
2. Add cooled and drained khorasan, tomatoes, and scallions to shrimp mixture. Season with salt and pepper, and toss well. Add in cheese and sprinkle as desired with olive oil before serving.

Cazuela de Pollo y Khorasan Cremoso

Ingredientes:
- 2 tazas **Khorasan Integrain** cocido
- 1 ½ tazas leche
- 3 Cdas **Harina de Trigo Integrain**
- 1 cdita sal de mar
- 1 cdita tomillo fresco
- 1 ½ Cdas aceite de oliva
- 225 gr pechuga de pollo, picada
- ½ cebolla pequeña, picada
- 2 dientes de ajo picados
- ½ pimiento morrón rojo, picado
- 4 tazas de acelgas picadas
- 40 gr queso rallado

Procedimiento:
1. Precaliente el horno a 230 °C.
2. Bate la leche, harina, sal y el tomillo hasta que no queden grumos.
3. Caliente el aceite en un sartén de hierro a fuego alto. Agregue las cebollas y el ajo, y revuelva constantemente. Deje que se cocinen por 1 min. Añade el pollo y cocínelo por 5-6 min.
4. Agregue el pimiento morrón y las acelgas y déjelo cocinar unos min, hasta que la las acelgas se encojen.
5. Agregue la mezcla de leche al sartén y reduzca un poco el fuego. Cocine por 1-2 min. revolviendo con frecuencia hasta que la mezcla comienza a espesar y burbujear.
6. Apague el fuego y agregue el khorasan. Rocíe con queso rallado.
7. Coloque el sartén en el horno y cocine por unos 2 min, hasta que el queso se derrita.

Creamy Chicken and Khorasan Casserole

Ingredients:
- 2 cups cooked **Integrain Khorasan**
- 1 ½ cups milk
- 3 Tbsp **Integrain Wheat Flour**
- 1 tsp sea salt
- 1 tsp fresh thyme
- 1 ½ tbsp olive oil
- 225g chicken breast, chopped small pzs
- ½ small onion, chopped
- 2 cloves garlic, minced
- ½ red bell pepper, chopped
- 4 cups chopped collard greens
- 40 g cheese, shredded

Procedure:
1. Preheat oven to 450 °F.
2. Whisk the milk, flour, salt, and thyme together until there are no clumps.
3. Heat the oil in a cast iron skillet over high heat. Add the onions and garlic, and stir constantly. Let them cook for about 1 min. Add the chicken and cook for 5-6 min.
4. Add the pepper and collard greens and cook for a few min, until the collard greens have wilted.
5. Add the milk mixture to the skillet and reduce heat. Cook for 1-2 min. stirring constantly until he mixture starts to thicken and bubble.
6. Turn off the heat and mix in the khorasan. Sprinkle shredded cheese on top.
7. Place the skillet in the oven and cook for about 2 min, until the cheese has melted.

BOLITAS CRUJIENTES DE CREMA DE CACAHUATE

Ingredientes:
- 1 taza **Khorasan Integrain**
- 3 Cdas agave o miel
- ½ taza crema de cacahuate
- 2 Cdas nuez de la india triturada
- 1 cdta. extracto de vainilla

Procedimiento:
1. Infla el khorasan en una olla para palomitas de maíz. Tritura el khorasan inflado en pedazos pequeños.
2. En un tazón mediano, mezcle la crema de cacahuate, el agave o la miel y la vainilla.
3. Agregue el khorasan inflado y la nuez triturada y mezcle todo bien. Parecerá seco, pero una vez que comience a formar las bolas, todo se unirá muy bien.
4. Refrigere la mezcla por 10-15 min. Luego, saque del refrigerador y forme 12 bolitas con la mezcla.

CRUNCHY PEANUT BUTTER BALLS

Ingredients:
- 1 cup **Integrain Khorasan**
- 3 Tbsp agave or honey
- ½ cup creamy peanut butter
- 2 Tbsp crushed cashews
- 1 tsp. vanilla extract

Procedure:
1. Puff khorasan in popcorn popper. Break puffed khorasan into smaller pieces.
2. In a medium bowl, mix together peanut butter, agave or honey, and vanilla.
3. Add puffed khorasan and chopped cashews and stir it all together. It will seem crumbly and dry, but once you start to form the balls, it will all come together nicely.
4. Refrigerate the mixture for 10-15 min. Then remove from the fridge and roll the mixture into 12 balls.

Waffles de Grano Entero

Ingredientes para remojar la masa:
- 1 taza leche (extra para diluír)
- 2 Cda aceite de oliva
- 2 Cda jarabe de maple orgánico
- 1 cdita extracto puro de vainilla
- ½ taza de masa madre
- 1 taza **Khorasan Integrain**
- ½ taza **Avena Rolada Integrain**
- 2 Cda semillas de linaza

Ingredientes para preparar los waffles:
- 1 huevo grande
- 2 cditas polvo para hornear
- ½ cdita bicarbonato de sodio
- ½ cdita sal marina

Procedimiento para remojar la masa:
1. Coloque los ingredientes para remojar la masa en una licuadora y licue bien en alto. La masa debe quedar relativamente delgada y bien licuada. Agregue lentamente más leche hasta que quede líquida. Cubra y deje remojar por 12-24 horas.

Procedimiento para preparar los waffles:
2. Precaliente la wafflera al nivel más alto. Combine el polvo para hornear, el bicarbonato de sodio y la sal.
3. Agregue esta mezcla y 1 huevo a la masa para waffles remojada y licue por 1 min; añade leche si la masa necesita diluirse.
4. Engrase la wafflera. Vierta la masa terminada en la wafflera caliente y engrasada. cocine unos 4 min, hasta que estén crujientes.
5. Sirva con sus toppings favoritos.

Whole Grain Waffles

Ingredients for soaking the batter:
- 1 cup milk (extra to thin batter)
- 2 Tbsp olive oil
- 2 Tbsp organic maple syrup
- 1 tsp pure vanilla extract
- ½ cup sourdough
- 1 cup **Integrain Khorasan**
- ½ cup **Integrain Rolled Oats**
- 2 Tbsp flax seeds

Ingredients for preparing the waffles:
- 1 large egg
- 2 tsp baking powder
- ½ tsp baking soda
- ½ tsp sea salt

Procedure for soaking the batter:
1. Place the ingredients for soaking the batter in a blender and thoroughly blend on high. Keep the batter relatively thin and well blended. Slowly add more milk until thin. Cover and soak for 12-24 hours.

Procedure for preparing the waffles:
2. Preheat waffle iron to highest setting. Combine baking powder, soda and salt.
3. Add the egg and baking powder mixture to soaked waffle batter and blend for 1 min; add milk if batter needs thinning.
4. Oil waffle iron. Pour finished batter into oiled hot waffle iron. Cook for about 4 min, until crispy.
5. Top with your favorite toppings.

Khorasan | Francia | Desayuno | 6 pz

Tortitas de Quinoa

Ingredientes:
- 1 taza **Quinoa Integrain** cocida
- 1 zanahoria rallada
- 1 puñado calabazas ralladas
- 1 puñado perejil y/cilantro
- ½ cebolla en cubos
- 2 huevos
- 5 Cdas **Harina de Quinoa Integrain**
- 5 Cdas **Harina Nixtamalizado Integrain**
- 1 cdita sal del Himalaya
- 1 cdita paprika
- ¼ cdita pimienta de cayena
- ¼ cdita chile picante
- 1 cubito de orégano
- ¼ cdita de ajo en polvo.

Opc.
Puede agregar sal de cebolla, sal de apio o cualquier especia de su preferencia. Para darle más color y nutrientes, agregue espinacas, brócoli o ejotes picados.

Procedimiento:
1. Precaliente un sartén con aceite de oliva.
2. Mezcle todos los ingredientes, forme bolitas y aplánelas dándoles forma de tortitas redondas.
3. Fríe bien por ambos lados a fuego medio.
4. Sirva con ensalada, vegetales al vapor y acompañado por su salsa favorita.

Quinoa Patties

Ingredients:
- 1 cup cooked **Integrain Quinoa Seed**
- 1 carrot shredded
- 1 handful shredded calabazas
- 1 handful parsley and/cilantro
- ½ onion cubed
- 2 eggs
- 5 Tbsp **Integrain Quinoa Flour**
- 5 Tbsp **Integrain Nixtamalized Flour**
- 1 tsp Himalayan salt
- 1 tsp paprika
- ¼ tsp cayenne pepper
- ¼ tsp chili seasoning
- 1 cube oregano
- ¼ tsp garlic powder.

Opt.
Add onion salt, celery salt, or any spice of your preference. To give it more color and nutrients, add chopped spinach, broccoli or green beans.

Procedure:
1. Preheat a frying pan with olive oil.
2. Mix all ingredients, roll into balls and press it flat into a round patty shape.
3. Fry well on both sides over medium heat.
4. Serve with salad, steamed vegetables, and accompanied with your favorite sauce.

Sopa Italiana de Quinoa

Ingredientes:
- 3 Cdas aceite de oliva
- ½ cebolla (picada)
- 2 zanahorias (cortadas en cubitos)
- 1 tallo de apio (picado)
- 2 dientes de ajo (picados)
- 4 tazas caldo de pollo
- 425 gr garbanzos (enjuagados)
- 1 taza **Quinoa Integrain** (enjuagada)
- 1 lata (410 gr.) tomates en trozos
- 1 lata (225 gr.) salsa de tomate
- 1 Cda sazonador italiano
- una pizca de chile triturado
- ¾ taza espinacas frescas (picada)
- 1 ½ tazas crema espesa
- sal y pimienta al gusto
- queso parmesano

Instrucciones:
1. Caliente el aceite en una cacerola grande a fuego medio. Agregue la cebolla, las zanahorias, el ajo y el apio, y sazone con sal y pimienta. Saltee, revolviendo seguido.
2. Agregue el caldo, los garbanzos, la quinoa, los tomates, la salsa de tomate y el sazonador italiano y revuelva para combinar. Sazone con sal, pimienta y chile triturado. Lleve a ebullición, reduzca el fuego y cocine cubierto a fuego bajo por 20-25 min.
3. Cuando esté listo para servir, agregue las espinacas y la crema. Ajuste el sazón según sea necesario.
4. Sirva con queso parmesano rallado.

Creamy Italian Quinoa Soup

Ingredients:
- 3 Tbsp olive oil
- ½ onion (diced)
- 2 carrots (peeled and diced)
- 1 stalk celery (diced)
- 2 garlic cloves (minced)
- 4 cups chicken broth
- 425 g chickpeas (rinsed)
- 1 cup **Integrain Quinoa** (rinsed)
- 1 can (410 gr.) diced tomatoes
- 1 can (225 gr.) tomato sauce
- 1 Tbsp Italian seasoning
- pinch red pepper flakes
- ¾ cup fresh spinach (coarsely chopped)
- 1 ½ cups heavy cream
- salt and pepper (to taste)
- parmesan cheese

Instructions
1. Heat oil in a large saucepan over medium heat. Add onion, carrots, garlic and celery, and season with salt and pepper. Sauté, stirring occasionally.
2. Add broth, chickpeas, quinoa, tomatoes, tomato sauce, and Italian seasoning and stir to combine. Season with salt, pepper, and chili flakes. Bring to a boil, reduce heat, and simmer covered for 20-25 min.
3. When ready to serve, stir in spinach and cream. Adjust seasonings as necessary.
4. Serve topped with grated Parmesan.

Pimientos Rellenos de Quinoa y Frijoles

Ingredientes:
- 2 tazas agua
- 1 taza **Quinoa Integrain** cocida
- 4 pimientos morrón verdes, grandes
- 1 frasco (450 gr) salsa con trozos
- 200 gr. frijoles negros cocidos, escurridos
- ½ taza queso Ricotta
- ¾ taza queso Monterrey Jack rallado,

Procedimiento:
1. Precaliente el horno a 200 °C. Corte la parte superior de los pimientos y quite las semillas. Coloque los pimientos boca abajo en una bandeja para hornear engrasada.
2. Hornee destapado por 15-20 min o hasta que estén tiernos. Voltee los pimientos con el lado cortado hacia arriba.
3. Reserve ⅓ taza de la salsa para servir, y agregue la salsa restante a la quinoa. Agregue los frijoles, el queso Ricotta y ¼ taza de queso Monterrey Jack rallado. Vierta la mezcla en los pimientos horneados.
4. Hornee, destapado, por 10 a 15 min. Espolvoree los pimientos con el queso rallado restante y continúe horneando hasta que el queso se derrita. Sirva cubierto con la salsa reservada.

Quinoa and Bean Stuffed Peppers

Ingredients:
- 2 cups water
- 1 cup cooked **Integrain Quinoa**
- 4 large green bell peppers
- 1 jar (450 gr) chunky salsa
- 200 gr. cooked black beans, drained
- ½ cup ricotta cheese
- ¾ cup shredded Monterey Jack cheese,

Procedure:
1. Preheat oven to 400 °F. Cut off tops of peppers and remove seeds. Place peppers upside down in a greased baking dish.
2. Bake uncovered for 15-20 min or until tender. Turn peppers cut side up.
3. Reserve ⅓ cup of salsa for serving, and add remaining salsa to quinoa. Stir in beans, ricotta cheese and ¼ cup of shredded Monterey Jack cheese. Spoon mixture into peppers.
4. Bake, uncovered, for 10-15 min. Sprinkle peppers with remaining cheese and continue baking until cheese is melted. Serve topped with reserved salsa.

Pastel de Chocolate con Quinoa

Ingredientes para el pastel:
- 2 tazas **Quinoa Integrain** cocida
- ¼ taza **Harina de Arroz Integrain**
- ⅓ taza leche
- 4 huevos grandes
- ½ taza mantequilla derretida
- 1 cdita extracto de vainilla
- 1 taza azúcar granulada
- ½ taza cacao en polvo
- 1 cdita polvo para hornear
- 1 cdita bicarbonato de sodio
- ½ cdita sal

Ingredientes para el betún:
- 1 taza crema para batir espesa
- 2 Cdas azúcar glass tamizada
- 2 Cdas cacao en polvo tamizado
- 2 Cdas mantequilla blanda
- 1 cdita vainilla
- queso crema al gusto
- crema de avellanas al gusto

Procedimiento:
1. Precaliente el horno a 175 °C. Cubra un molde de 9" con papel pergamino y engrase.
2. Ponga la quinoa, la leche, los huevos, la mantequilla, y la vainilla en un procesador de alimentos. Procese hasta que quede liso, y sin grumos.
3. Agregue la harina de arroz, el azúcar, el cacao, el polvo para hornear, el bicarbonato y la sal. Pulse para combinar.
4. Vierta la masa en el molde forrado y hornee por 40-42 min. o hasta que un palillo insertado en el centro salga limpio.
5. Enfríe por 15 min. antes de desmoldar y enfríe por completo antes de embetunar.
6. **Para el betún:** Bate la crema hasta que espese. Luego, agregue el resto de los ingredientes para el betún. Continúe batiendo hasta que esté espeso y untable.

Quinoa Chocolate Cake

Cake Ingredients
- 2 cups cooked **Integrain Quinoa**
- ¼ cup **Integrain Rice Flour**
- ⅓ cup milk
- 4 large eggs
- ½ cup melted butter
- 1 tsp vanilla extract
- 1 cup granulated sugar
- ½ cup cocoa powder
- 1 tsp baking powder
- 1 tsp baking soda
- ½ tsp salt

Frosting Ingredients:
- 1 cup heavy whipping cream
- 2 Tbsp confectioner's sugar, sifted
- 2 Tbsp cocoa powder, sifted
- 2 Tbsp softened butter
- 1 tsp vanilla
- cream cheese to taste
- hazelnut cream to taste

Procedure:
1. Preheat oven to 350 °F Line 9" pan with parchment paper and grease
2. Put quinoa, milk, eggs, butter, and vanilla in a food processor. Process until smooth.
3. Add rice flour, sugar, cocoa, baking powder, soda, and salt. Pulse to combine.
4. Pour into pan and bake for about 40-42 min. or until a toothpick comes out clean.
5. Cool for 15 min before turning out of the pan. Cool cake completely before frosting.
6. **Frosting:** Whip the cream until thick. Add the rest of the frosting ingredients. Continue beating until thick and spreadable.

Batido de Chocolate en un Tazón

Ingredientes para el Batido:
- ½ taza **Quinoa Integrain** cocida
- ½ plátano congelado
- ¾ taza fresas congeladas
- 1 Cda cacao en polvo
- 3 Cdas crema de cacahuate
- ½ taza leche de avena (página 40)
- 2 cditas jarabe de maple
- ½ cdita vainilla

Ingredientes opcionales para cubrir:
- fruta fresca, nueces picadas, coco, chía, granola, crema de cacahuate, etc

Instrucciones:
1. Combine todos los ingredientes para el batido en una licuadora o procesador de alimentos .
2. Licue hasta que quede cremoso.
3. Agregue más leche o fruta congelada hasta alcanzar el espesor deseado.
4. Sirva en tazones y cubra con los ingredientes de su elección.

Chocolate Smoothie Bowl

Smoothie Ingredients:
- ½ cup cooked **Integrain Quinoa**
- ½ frozen banana
- ¾ cup frozen strawberries
- 1 Tbsp cocoa powder
- 3 Tbsp peanut butter
- ½ cup oat milk (page 40)
- 2 tsp maple syrup
- ½ tsp vanilla

Optional topping ingredients:
- fresh fruit, chopped walnuts, coconut, chia, granola, peanut butter etc.

Instructions:
1. Combine all the ingredients in a blender or food processor.
2. Blend until creamy.
3. Add more milk or frozen fruit to create your desired thickness.
4. Serve in bowls and use your choice of toppings.

DOLMAS TURCAS

Ingredientes:
- 20 hojas de parra en salmuera
- 2 limones
- 400 gr carne de res o cordero molida
- 1 taza de **Trigo Integrain**
- 1 trozo de cebolla
- 1 diente de ajo
- 1 racimo de hojas de perejil
- sal y pimienta al gusto

Procedimiento:
1. Triture el trigo pulsando en una licuadora o procesador de alimentos hasta que quede fino. Remoje por 15 min en 2 tazas de agua hirviendo y una pizca de sal.
2. Muele la cebolla, el ajo y las hojas de perejil. Añade los ingredientes molidos a la carne molida y agregue sal y pimienta. Mezcle bien.
3. Escurra el trigo triturado y añádelo a la mezca de carne mezclando hasta integrar.
4. Escurra y seca las hojas de parra. Ponga una Cda de la mezcla de carne molida sobre una hoja de parra. Enrolle la hoja con las puntas hacia adentro envolviendo la carne.
5. En una olla o vaporera, ponga una capa de rodajas finas de limón como primera capa. Coloque las dolmas acostadas y lo más apretadas posible.
6. Cubra las dolmas con rodajas de limón y agregue agua hirviendo hasta cubrir. Tape y deje coser 30 min. Retire las rodajas de limón y sirva caliente con jocoque.

TURKISH DOLMAS

Ingredients:
- 20 pickled vine leaves
- 2 lemons
- 400 gr ground beef or lamb
- 1 cup of **Integrain Wheat Grain**
- 1 piece of onion
- 1 clove of garlic
- 1 bunch of parsley leaves
- salt and pepper to taste

Procedure:
1. Grind the wheat by pulsing in a blender or food processor until fine. Soak for 15 min in 2 cups of boiling water and a pinch of salt.
2. Grind onion, garlic and parsley leaves. Add the ground ingredients to the ground meat and add salt and pepper. Mix well.
3. Drain the shredded wheat and add it to the meat mixture, mixing until combined.
4. Drain and dry the grape leaves. Put a tablespoon of the ground beef mixture on a vine leaf. Roll the leaf with the ends folded in, wrapping the meat.
5. In a pot or steamer put a layer of thin lemon slices as the first layer. Layer the dolmas on top lying flat and as tight as possible.
6. Cover dolmas with another layer of lemon slices and cover with boiling water. Cook for 30 min. covered. Remove lemon slices and serve hot with jocoque.

Tabulé

Ingredientes:
- 1 taza **Trigo Integrain**
- 3 cebolletas picadas
- 2 tazas perejil fresco picado
- 1 taza hierbabuena fresca picada
- ½ kg tomates picados
- ½ taza jugo de limón
- sal de mar
- pimienta
- 2-3 Cdas aceite de oliva

Procedimiento:
1. Troce el trigo pulsando en una licuadora o procesador de alimentos hasta que queden pedacitos finos.
2. Ponga el trigo trozado en un recipiente y cubra con agua hirviendo. Remoje por 15- 20 min.
3. Escurra el trigo trozado en un colador y exprime el agua restante.
4. Mezcle el trigo trozado con el resto de los ingredientes en un tazón grande.
5. Sirva frió sobre hojas de parra y acompañado de limón y jocoque.

Tabbouleh

Ingredients:
- 1 cup of **Integrain Whole Grain Wheat**
- 3 chopped spring onions
- 2 cups of chopped fresh parsley
- 1 cup minced fresh mint
- ½ kg of chopped tomatoes
- ½ cup of lemon juice
- sea salt
- pepper
- 2-3 Tbsp olive oil

Procedure:
1. Shred the wheat by pulsing in a blender or food processor until fine.
2. Put the chopped wheat in a container and cover with boiling water. Soak for 15-20 min.
3. Drain the shredded wheat in a colander and squeeze out any remaining water.
4. Mix the chopped wheat with the rest of the ingredients in a large bowl.
5. Serve cold on grape leaves and accompanied with lemon and jocoque.

Kibe

Ingredientes para la masa:
- 1 kg carne molida de res o cordero
- ½ kg **Trigo Integrain**
- 1 cebolla picada finamente
- sal y pimienta al gusto

Ingredientes para el relleno:
- ¼ taza aceite de oliva
- ¾ kg carne molida de res o cordero
- 2-3 cebollas picadas
- 2 dientes de ajo picados
- 1 cdita pimienta blanca
- ½ cdita canela
- 1 taza perejil fresco y picado
- 150 gr. piñones fritos
- sal al gusto

Procedimiento:
1. **Para la masa:** Troce el trigo pulsando en una licuadora o procesador de alimentos.
2. Remoje el trigo trozado por 20 min. Escurra y combine con la carne molida, la cebolla, la sal y pimienta en un procesador y pulse hasta obtener una masa flexible.
3. **Para el relleno:** Caliente el aceite en un sartén y saltee la cebolla picada y el ajo.
4. Añade la carne, la pimienta, la canela, los piñones y la sal. Cuece hasta dorar la carne, retire del fuego, añade el perejil, y mezclar.
5. Engrase las manos con aceite. Haga bolas con la masa y presione con la mano.
6. Coloque 1 Cda del relleno en el centro, y cierre la masa.
7. Caliente el aceite a fuego medio. Ponga a freir los kibes hasta que queden crujientes. Escurra los kibes sobre papel absorbente. Sirva caliente con jocoque y limón.

Kibe

Ingredients for the dough:
- 1 kilo of ground beef or lamb
- ½ kilo of **Wheat Grain Integrain**
- 1 finely chopped onion
- salt and pepper to taste

Ingredients for the filling:
- ¼ cup olive oil
- ¾ kilo of ground beef
- 2-3 chopped onion
- 2 cloves of minced garlic • Salt to taste
- 1 tsp white pepper
- ½ tsp cinnamon
- 1 cup of fresh and chopped parsley
- 150 g. fried pine nuts

Procedure:
1. **For the dough:** Shred the wheat by pulsing in a blender or food processor
2. Soak shredded wheat for 20 min. Drain and combine with ground meat, onion, salt and pepper in a food processor and pulse until dough is flexible.
3. **For the filling:** Heat oil in a frying pan and sauté chopped onion and garlic
4. Add meat, pepper, cinnamon, pine nuts and salt. Cook until meat browns, then remove from heat, add parsley, and mix.
5. Grease hands with oil. Make balls with the dough and press with your hand.
6. Place 1 tbsp of the filling in the center, and close the dough.
7. Heat oil over medium heat. Fry the kibes until crispy. Drain the kibes on absorbent paper. Serve hot with Jocoque and lemon.

Postre de Trigo, Chocolate, y Granadas

Ingredientes:
- 1 tira de cáscara de naranja
- 1 taza **Trigo Integrain** cocido
- 250 gr. chocolate amargo
- 1 taza almendras fileteadas y tostadas
- 1 granada

Procedimiento:
1. Hierve 2 litros de agua con la cáscara de naranja. Luego, retire del fuego y deje enfriar. Remoje el trigo cocido en el agua por 2-3 min, y luego escúrrelo.
2. Pique el chocolate en trozos grandes.
3. En un tazón, combine el chocolate, las semillas de granada, el grano de trigo, y las almendras fileteadas.
4. Distribuya el postre en 4 platos y sirva.

Wheat, Chocolate, and Pomegranate Dessert

Ingredients:
- 1 strip of orange peel
- 1 cup cooked **Integrain Wheat Grain**
- 250 gr. dark chocolate
- 1 cup sliced and toasted almonds
- 1 pomegranate

Procedure:
1. Bring 2 quarts of water to a boil with orange peel, then remove from heat and let cool. Soak the cooked wheat in this water for 2-3 min, then drain.
2. Coarsely chop the dark chocolate
3. Combine the chocolate, pomegranate seeds, wheat grain, and sliced almonds in a bowl.
4. Distribute the dessert into 4 plates and serve.

Granola de Trigo con Piloncillo

Ingredientes:
- 40 gr piloncillo
- 50 gr **Trigo Integrain**
- 10 gr almendra fileteada
- 20 grs semilla de ajonjolí
- mantequilla
- yoghurt griego

Procedimiento:
1. Infle el trigo en grano en una cacerola de fondo grueso. Cuando disminuyen los estallidos, retire del fuego y vierta inmediatamente en otro recipiente.
2. En una olla, caliente el piloncillo con un poco de agua hasta que se disuelva completamente y obtenga una consistencia espesa. Añade las almendras fileteadas, el ajonjolí, y el trigo inflado.
3. Engrase bien una charola con mantequilla. Vierta la granola caliente sobre la charola engrasada, extienda, y deje que se enfríe. Luego, desmorone con las manos.
4. Sirva con yoghurt griego.

Jaggery Wheat Granola

Ingredients:
- 40 gr jaggery (piloncillo)
- 50 gr **Integrain Wheat Grain**
- 10 gr sliced almond
- 20 gr sesame seed
- butter
- Greek yogurt

Procedure:
1. Pop wheat grain in a heavy bottom pan. When popping slows, remove from heat and immediately pour into another container.
2. In a saucepan heat jaggery with a little water until completely dissolved and thick. Add sliced almonds, sesame seeds, and popped wheat.
3. Grease a cookie sheet well with butter. Add the mixture, spread it out, and let it cool. Then crumble by hand.
4. Serve with Greek yogurt.

Croquetas de Trigo Sarraceno y Champiñones

Ingredientes
- 1 taza **Trigo Sarraceno Integrain**
- 230 gr champiñones cremini, en rodajas
- 1 cebolla mediana, cortada en cubitos
- 1 zanahoria mediana, rallada
- 2 huevos grandes,
- 1 Cda **Harina de Trigo Integrain**
- sal y pimienta al gusto
- ¾ taza pan integral molido (página 282)

Procedimiento:
1. En una licuadora, muele el trigo sarraceno cocido y luego transferirlo a un tazón.
2. Caliente un sartén a fuego medio con 2 Cdas de aceite, la cebolla y la zanahoria. Saltee 5 min, luego agregue los champiñones y cocine otros 5 min hasta que estén suaves. Licue la mezcla y luego agréguela al tazón con el sarraceno.
3. Agregue 1 huevo, 1 Cda de harina, 1 cdita de sal, y ¼ de cdita de pimienta y revuelva bien para combinar. Con las manos mojadas, forme tortitas aplanadas con la mezcla.
4. En un tazón bate bien 1 huevo. En un segundo tazón, ponga el pan molido. Sumerja las croquetas moldeadas en el huevo batido, volteándolas con un tenedor para cubrirlas.
5. Luego cubrir completamente con el pan molido. Una vez empanadas todas las croquetas, caliente un sartén profundo a fuego medio y agregue ¼" de aceite. Fríe las croquetas por 3 min de cada lado.

Buckwheat and Mushroom Croquettes

Ingredients
- 1 cup cooked **Integrain Buckwheat**
- 230 g cremini mushrooms, sliced
- 1 medium onion, diced
- 1 medium carrot, grated on large holes
- 2 large eggs,
- 1 Tbsp **Integrain Wheat Flour**
- salt and pepper to taste
- ¾ cup bread crumbs (page 282)

Procedure:
1. Blend cooked buckwheat until smooth, then transfer to a mixing bowl.
2. Place a skillet over medium heat and add 2 Tbsp oil, onion, and carrot. Sauté for 5 min then add sliced mushrooms and cook another 5 min until soft. Process mixture until blended, then add to the mixing bowl with the buckwheat.
3. Add 1 egg, 1 Tbsp flour, 1 tsp salt, and ¼ tsp pepper, and then stir well to combine. With wet hands, form mixture into flattened patties.
4. Crack 1 egg into a bowl and beat well. In a 2nd bowl, add ¾ cup bread crumbs. Dip molded croquettes into beaten eggs, turning with a fork to coat them.
5. Roll in bread crumbs until fully coated. Once all croquettes are breaded, heat a large deep pan over medium heat and add ¼" oil. Fry croquettes for 3 min per side.

Ensalada de Trigo Sarraceno

Ingredientes:
- ¾ taza **Trigo Sarraceno Integrain**
- 1 ½ taza de agua
- 1 cdita sal más extra para sazonar
- ½ zanahoria
- 1 pimiento morrón amarillo grande (opc)
- 1½ taza tomates cherry
- brócoli (fresco o cocido)
- 1 Cda aceite de oliva extra virgen
- una pizca de pimienta negra (opc)
- perejil finamente picado

Procedimiento:
1. Enjuague el trigo sarraceno y colóquela en una cacerola pequeña. Agregue el agua, y la sal y llévelo a ebullición. Reduzca el fuego a bajo y cocine a fuego lento por otros 10-15 min. Si el trigo sarraceno no absorbe toda el agua, escúrrelo.
2. Mientras tanto, Lava y corta las verduras en trozos pequeños. Transfiéralos a un tazón y sazone con sal y pimienta, vierta una Cda sopera de aceite de oliva y espolvorea con perejil finamente picado. Mezcle bien.
3. Cuando el trigo sarraceno esté listo, mézcle lo con las verduras picadas.
4. Sirva tibio o frío.

Buckwheat Salad

Ingredients:
- ¾ cup **Integrain Buckwheat**
- 1 ½ cup water
- 1 tsp salt + extra for seasoning
- ½ carrot
- 1 large yellow bell pepper (opt.)
- 1 ½ cup cherry tomatoes
- broccoli (fresh or cooked)
- 1 Tbsp extra virgin olive oil
- a generous pinch of black pepper (opt)
- finely chopped parsley

Procedure:
1. Rinse the buckwheat groats and place them in a small sauce pan. Add water and salt and bring it to a boil. Reduce heat to low and simmer for an additional 10-15 min. If buckwheat does not absorb all the water, drain it.
2. Meanwhile: Wash and cut the vegetables into bite size chunks. Transfer them to a bowl and season with salt and pepper, pour a Tbsp of olive oil, and sprinkle with finely chopped parsley. Mix well.
3. When the buckwheat is ready, mix it with chopped veggies.
4. Serve warm or cold.

Delicioso Tazón de Trigo Sarraceno

Ingredientes:
- 20 gr brócoli crudo
- 20 gr camarones
- 50 gr queso rebanado
- **Trigo Sarraceno Integrain** cocido
- 60 gr aguacate fresco
- 20 gr uvas
- sal al gusto
- pimienta negra recién molida al gusto

Procedimiento:
1. Fríe el trigo sarraceno cocido hasta que esté ligeramente dorado.
2. Coloque en un tazón el trigo sarraceno previamente cocido y frito.
3. Sofríe los camarones y añádelos al tazón.
4. Pele y corte el aguacate en tiras y colóquelas en el tazón.
5. Lave los floretes de brócoli, córtelos en tiras finas, y colóquelas en el tazón.
6. Lave las uvas, córtelas en mitades y colóquelas en el tazón.
7. Dore el queso rebanado a la plancha y colóquelo en el tazón.
8. Sazone con sal y pimienta negra recién molida.

Delicious Buckwheat Grain Bowl

Ingredients:
- 20 gr broccoli raw
- 20 gr shrimp
- 50 gr cheese in slices
- cooked **Integrain Buckwheat**
- 60 gr avocado fresh
- 20 gr grapes
- salt to taste
- freshly ground black pepper to taste

Procedure:
1. Fry the cooked buckwheat until lightly browned.
2. Place previously cooked and pan-fried buckwheat in a bowl.
3. Pan fry shrimp and place them in the bowl.
4. Peel and cut avocado in strips and place them in the bowl.
5. Wash broccoli florets, cut into thin strips and place them in the bowl.
6. Wash grapes, cut into halves and place them in the bowl.
7. Toast the slices of cheese and place them in the bowl.
8. Season with salt and freshly ground black pepper.

Pudín de Moca con Trigo Sarraceno

Ingredientes:
- ½ taza **Trigo Sarraceno Integrain**
- 1 plátano maduro
- ½ taza leche de su elección
- 2 Cdas crema de cacahuate
- ½ taza mantequilla
- 2 Cdas proteína en polvo sabor chocolate
- 3 Cdas cacao en polvo
- doble shot de espresso **Café Integrain**
- 2 Cdas jarabe de maple o miel de abeja
- ½ taza chispas de chocolate

Procedimiento:
1. Ponga el trigo sarraceno en un tazón, luego cubra con agua. Deje remojar durante la noche
2. Enjuague y escurra el trigo sarraceno, luego viértalo en una licuadora o procesador de alimentos. Agregue los demás ingredientes, menos las chispas de chocolate, y licue en alto hasta que quede sin grumos.
3. Agregue las chispas de chocolate y mezcle suavemente.
4. Refrigere y sirva frío.

Mocha Buckwheat Pudding

Ingredients:
- ½ cup **Integrain Buckwheat**
- 1 ripe banana
- ½ cup milk of choice
- 2 Tbsp peanut butter
- ½ taza mantequillla
- 2 scoops chocolate protein powder
- 3 Tbsp cacoa powder
- double shot **Espresso Integrain**
- 1 Tbsp maple syrup (opt)
- ½ cup chocolate chips

Procedure:
1. Add the buckwheat to a bowl, then cover with water. Soak overnight.
2. Rinse and drain the buckwheat, then pour into a blender or food processor. Add all remaining ingredients, except chocolate chips, and blend on high until smooth.
3. Add chocolate chips and fold in gently.
4. Chill and serve cold.

Desayuno de Trigo Sarraceno con Canela

Ingredientes:
- 1 taza **Trigo Sarraceno Integrain**
- 1 taza agua
- 1 taza leche de almendra
- 1 cdita canela
- 1 cdita vainilla
- fruta fresca, rebanada
- leche al gusto
- miel de abeja al gusto

Procedimiento:
1. Enjuague el trigo sarraceno y póngalo en una olla pequeña.
2. Agregue el agua, la leche de almendra, la canela, y la vainilla. Lleve a ebullición, luego reduzca el fuego y tape.
3. Cuece a fuego lento por 10 min. Apague el fuego y deje tapado por 5 min más.
4. Esponje con un tenedor y reparta en tazones.
5. Agregue leche y miel al gusto y cubra con frutas rebanadas

Cinnamon Buckwheat Breakfast Bowl

Ingredients:
- 1 cup **Integrain Buckwheat**
- 1 cup water
- 1 cup almond milk
- 1 tsp cinnamon
- 1 tsp vanilla
- sliced fruit
- honey

Procedure:
1. Rinse the buckwheat groats and put them in a small pot.
2. Add water, almond milk, cinnamon, and vanilla. Bring to a boil, then reduce heat and cover.
3. Simmer for 10 min. Turn off heat and leave covered for an additional 5 min.
4. Fluff with a fork and portion into bowls.
5. Add milk and honey to taste and top with sliced fruit.

Introducción a nuestras Harinas

¿Qué son los granos integrales?
Los granos son las semillas de plantas llamadas cereales. Un grano entero contiene las tres partes comestibles del grano y brinda muchos nutrientes importantes:

- **Salvado.** Esta es la capa exterior dura. Es rico en fibra y aporta vitaminas B, hierro, cobre, zinc, magnesio, antioxidantes y fito-químicos.
- **Endospermo.** Esta capa intermedia del grano se compone principalmente de carbohidratos, proteínas y pequeñas cantidades de algunas vitaminas B y minerales.
- **Germen.** Esta capa es el núcleo de la semilla donde ocurre el crecimiento. Es rico en grasas saludables, vitaminas B y E, minerales, proteínas, fitoquímicos y antioxidantes.

A las harinas refinados se les ha quitado el germen y el salvado, dejando solo el endospermo. Aunque a las harinas refinadas enriquecidos se les han agregado algunas vitaminas y minerales, No son tan saludables o nutritivos como el grano completo.

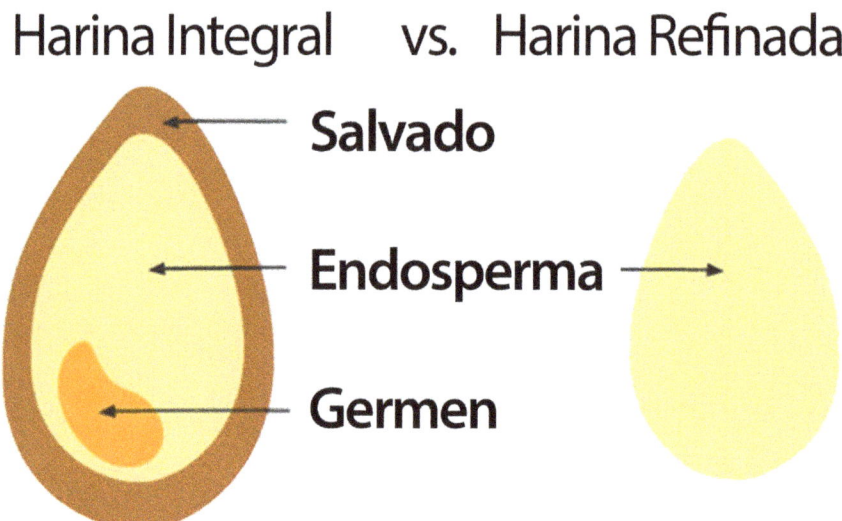

Beneficios de comer harinas de granos integrales:
Se ha demostrado que una dieta rica en granos integrales reduce el riesgo de enfermedades cardíacas, diabetes tipo 2, obesidad, ataque cerebrovasculares y algunos tipos de cáncer. Las dietas integrales también favorecen una digestión saludable, reducen la inflamación crónica y reducen el riesgo de muerte prematura.

Muchas personas tienen la percepción de que las harinas integrales simplemente no saben ricas o que es difícil incluirlos en sus dietas diarias.

Para ayudarle a comenzar a disfrutar los beneficios de una dieta rica en granos enteros, hemos compilado una serie de deliciosas recetas de todo el mundo utilizando nuestros productos INTEGRAIN 100% integrales.

INTRODUCTION TO OUR FLOURS:

What are whole grains?

Grains are the seeds of grass-like plants called cereals. A whole grain kernel contains all three edible parts of the grain, and deliver many important nutrients:

- **Bran.** This is the hard, outer layer. It is rich in fiber and supplies B vitamins, iron, copper, zinc, magnesium, antioxidants, and phytochemicals.
- **Endosperm.** This middle layer of the grain is mostly made up of carbohydrates, protein, and small amounts of some B vitamins and minerals.
- **Germ.** This inner layer is the core of the seed where growth occurs. It is rich in healthy fats, vitamins B and E, minerals, protein, phytochemicals, and antioxidants.

Refined flours have had the germ and bran removed, leaving only the endosperm. Though enriched refined flours have had some vitamins and minerals added back, they're still not as healthy or nutritious as the whole grain.

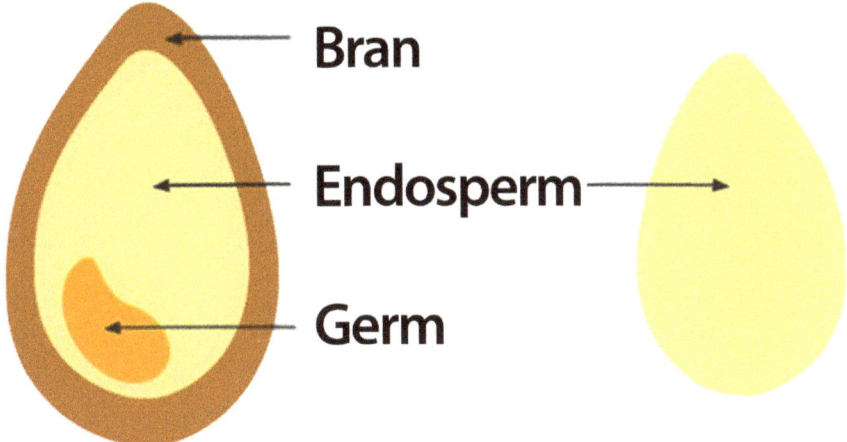

Health Benefits of eating whole grain flours:

A diet rich in whole grains has been shown to reduce the risk of heart disease, type 2 diabetes, obesity, strokes, and some forms of cancer. Whole-grain diets also support healthy digestion, reduce chronic inflammation and reduce risk of premature death.

Many people have the perception that whole grain flours just don't taste good, or that it's difficult to work them into their daily diets.

To help you start reaping the benefits of a diet rich in whole grains, we have compiled a series of delicious recipes from all over the world using our 100% whole grain INTEGRAIN products.

Empanizador de Amaranto

Ingredientes:
- 1 taza **Harina de Amaranto Integrain**
- 1 taza **Harina de Arroz Integral Integrain**
- 1 taza **Harina de Garbanzo Integrain**
- 3 Cdas de tu sazonador favorito, o puedes usar los siguientes ingredientes:
- 1 cdita pimienta molida
- 1 cdita ajo en polvo
- 1 cdita cebolla en polvo
- 1 cdita paprika
- 1 cdita hojas secas de cilantro o perejil
- 2 cditas sal

Procedimiento:
Mezcle bien todos los ingredientes.
Si quiere que quede más crujiente agregue pan seco y molido al gusto.
Su empanizador está listo para empanizar sus platillos favoritos.

Amaranth Breader

Ingredients:
- 1 cup **Integrain Amaranth Flour**
- 1 cup **Integrain Brown Rice Flour**
- 1 cup **Integrain Chickpea Flour**
- 3 Tbsp of your favorite seasoning, or you can use the following ingredients:
- 1 tsp ground pepper
- 1 tsp garlic powder
- 1 tsp onion powder
- 1 tsp paprika
- 1 tsp dried coriander or parsley leaves
- 2 tsp salt.

Procedure:
Mix all ingredients well.
If you want it to be crunchier, add dry bread crumbs to taste.
Your breader is ready to be used in your favorite dishes.

Sopa de Brócoli y Queso

Ingredientes:
- 4 Cdas mantequilla
- ½ cebolla, picada
- 1 diente ajo picado
- 3 tazas caldo de pollo
- 1 taza leche
- 3 tazas floretes de brócoli
- 1 zanahoria mediana, en juliana
- Sal al gusto•
- ¼ taza **Harina de Amaranto Integrain**
- 2 tazas queso cheddar rallado

Procedimiento:
1. Fríe la cebolla y el ajo en la mantequilla hasta que estén tiernos.
2. Agregue la harina y freír un poco. Añade el caldo de pollo y la leche. Agregue el brócoli y las zanahorias.
3. Caliente hasta que hierva y cocine a fuego lento por 15 min. Agregue la crema y el queso cheddar.
4. Revuelva hasta que el queso se derrita.

Broccoli Cheese Soup

Ingredients:
- 4 Tbsp butter
- ½ onion, chopped
- 1 garlic clove, minced
- 3 cups chicken broth
- 1 cup milk
- 3 cups broccoli florets
- 1 medium carrot, julienned
- Salt to taste•
- ¼ cup **Integrain Amaranth Flour**
- 2 cups shredded cheddar cheese

Procedure:
1. Fry onion and garlic in butter until soft.
2. Add flour; cook a bit. Pour in chicken broth and milk. Add broccoli and carrots.
3. Bring to a boil and simmer 15 min. Add cream and cheddar cheese.
4. Stir until cheese melts.

Tostadas Sin Gluten

Ingredientes para la carne:
- 2 Cdas aceite
- ½ cebolla mediana picada
- 2 jalapeños picados
- 500 gr carne molida
- 2 Cdas sazonador para taco
- ¼ cdita ajo en polvo
- ½ cdita sal
- ¼ cdita pimienta negra
- ¼ taza jugo de tomate

Ingredientes para las tostadas:
- ¾ taza **Harina de Amaranto Integrain**
- ¾ taza **Harina de Arroz Integrain**
- 3 Cdas maicena
- ¾ cdita goma xantana
- ¾ cdita sal
- ¾ cdita polvo para hornear
- ¾ taza agua tibia
- 2 ½ Cdas aceite
- aceite para freír
- lechuga picada
- queso rallado
- tomates picados

Procedimiento para la carne: Fríe la cebolla y los jalapeños en el aceite. Agregue la carne de res y cocine completamente. Agregue los condimentos y el jugo.

Procedimiento para las tostadas: Mezcle los ingredientes secos. Luego agregue el agua y el aceite. Mezcle bien. Cubra el recipiente con una toalla y deje reposar 5 min. Caliente el aceite. Divida la masa en 6 partes iguales y forme bolas. Aplane con una prensa para tortillas o con un rodillo. Si la masa queda pegajosa, use más harina de arroz. Fríe las tostadas una a la vez hasta que queden doradas y crujientes.

Para armar: Sirva las tostadas con la carne, el queso rallado, la lechuga y los tomates. Rocíe con aderezo de chipotle, o la salsa de su elección.

Gluten Free Taco Tostadas

Ingredients for meat:
- 2 Tbsp oil
- ½ medium onion, chopped
- 2 jalapeños, chopped
- 500 gr ground beef
- 2 Tbsp taco seasoning
- ¼ tsp garlic powder
- ½ tsp salt
- ¼ tsp black pepper
- ¼ cup tomato juice

Ingredients for tostadas:
- ¾ cup **Integrain Amaranth Flour**
- ¾ cup **Integrain Brown Rice Flour**
- 3 Tbsp cornstarch
- ¾ tsp xantham gum
- ¾ tsp salt
- ¾ tsp baking powder
- ¾ cup warm water
- 2 ½ Tbsp oil
- oil for deep frying
- grated cheese
- chopped lettuce
- chopped tomatoes

Procedure for the meat: Fry onion and jalapeños in oil. Then add beef. Cook well. Add seasonings and tomato juice.

Procedure for the tostadas: Mix dry ingredients. Add water and oil. Mix well. Cover bowl with a towel and let stand 5 min. Heat oil. Divide dough in 6 equal pieces and roll into balls. Flatten balls with a tortilla press or roll out with a rolling pin. If dough is sticky use more rice flour. Fry tostadas 1 at a time until golden and crisp.

To assemble: Spread meat on tostadas. Top with cheese, lettuce and tomatoes. Drizzle with chipotle dressing, or sauce of your choice.

 Amaranto
 México
 Principal
 6 pz

GALLETAS DE AMARANTO CON CREMA DE CACAHUATE

Ingredientes:
- 1 taza **Harina de Amaranto Integrain**
- ½ taza **Harina de Arroz Integrain**
- 1 cdita. polvo para hornear
- ¼ de cdita sal
- 3 plátanos maduros licuados
- ¼ taza crema de cacahuate
- 3 Cdas miel de abeja
- 1 cdita vainilla

Procedimiento:
1. Precaliente el horno a 165 °C y prepare una bandeja para hornear galletas con papel pergamino engrasado.
2. Mezcle bien la harina de amaranto con el polvo para hornear y la sal.
3. En otro recipiente bate el plátano, la crema de cacahuate, la miel y la vainilla.
4. Agregue los ingredientes líquidos a los ingredientes secos y mezcle con espátula.
5. Forme bolas y colóquelas en la bandeja, dejando 2" entre cada una.
6. Hornee por 30 min o hasta que las orillas estén firmes y doradas.
7. Saque las galletas del horno y deje enfriar.

AMARANTH PEANUT BUTTER COOKIES

Ingredients:
- 1 cup **Integrain Amaranth Flour**
- ½ cup **Integrain Rice Flour**
- 1 tsp. baking powder
- ¼ tsp salt
- 3 ripe bananas blended
- ¼ cup peanut butter
- 3 Tbsp honey
- 1 tsp vanilla

Procedure:
1. Preheat oven to 325 °F and prepare a cookie sheet with greased parchment paper.
2. Mix the amaranth flour with the baking powder and salt.
3. In another container beat banana, peanut butter, honey and vanilla.
4. Add the liquid ingredients to the dry ingredients and mix with a spatula.
5. Form balls and place on the cookie sheet leaving 2" between each one.
6. Bake for 30 min or until the sides are firm, and golden brown.
7. Take the cookies out of the oven and cool

Pan de Amaranto

Ingredientes:
- 2 tazas agua a temperatura ambiente
- ¼ taza aceite
- 1 taza **Harina de Khorasan Integrain**
- 2 cditas sal de mar
- ½ taza semillas de girasol
- ¼ taza miel de abeja o azúcar
- 2 ¾ tazas **Harina de Trigo Integrain**
- 1 taza **Harina de Amaranto Integrain**
- ¾ cdita levadura instantánea
- ¼ taza semillas de linaza

Procedimiento:
1. Mezcle todos los ingredientes y amase hasta que la masa vuelva a levantarse cuando la pique suavemente con el dedo.
2. Deje reposar a temperatura ambiente por 8 horas o durante la noche.
3. Aplaste la masa hacia abajo. Forme una bola apretada y póngala en una olla horno holandés engrasado.
4. Deje leudar 1-2 horas.
5. Colóquelo en el horno frío, y luego encienda el horno a 230 °C.
6. Hornee tapado por 30-50 min, luego destape y hornee otros 10-15 min.

Amaranth Bread

Ingredients:
- 2 cups room temperature water
- ¼ cup oil
- 1 cup **Integrain Khorasan Flour**
- 2 tsp sea salt
- ½ cup sunflower seeds
- ¼ cup honey or sugar
- 2 ¾ cup **Integrain Whole Wheat Flour**
- 1 cup **Integrain Amaranth Flour**
- ¾ tsp instant yeast
- ¼ cup flax seed

Procedure:
1. Mix all ingredients and knead until dough springs back when you poke it gently with your finger.
2. Let rest at room temperature for 8 hours or overnight.
3. Punch down. Form into a tight ball and put into a greased Dutch oven.
4. Let rise 1-2 hours.
5. Put in cold oven, then turn oven on to 450 °F.
6. Bake covered for 30-40 min, then uncover and bake another 10-15 min.

Cereal Cremoso de Amaranto

Instrucciones:
- ½ taza **Amaranto Inflado Integrain**
- 1 taza **Harina de Amaranto Integrain**
- 2 tazas leche (su elección de leche)
- 1 cdita miel de abeja
- una pizca de sal
- 1 cdita especias cálidas (opc.)
- nueces
- fruta fresca
- leche extra
- semillas
- copos de coco
- frutos secos

Procedimiento:
1. En una cacerola pequeña, combine el amaranto, la leche, la sal y las especias. Lleve a ebullición, destapado.
2. Cubra, reduzca a fuego lento y cocine por unos 25 min, revolviendo frecuentemente hasta que el amaranto esté tierno y cremoso.
3. Retire del fuego, endulce con miel al gusto, y sirva con los ingredientes deseados.

Creamy Amaranth Porridge

Instructions:
- ½ cup **Integrain Amaranth Seed**
- 1 cup **Integrain Amaranth Flour**
- 2 cups milk, (your choice of milk)
- 1 tsp raw honey
- pinch of salt
- 1 tsp warming spices (opt.)
- nuts
- fresh fruit
- extra milk
- seeds
- coconut flakes
- dried fruit

Procedure:
1. In a small saucepan, combine amaranth, milk, salt, and spices. Bring to a boil, uncovered.
2. Cover, reduce heat to simmer, and cook for about 25 min, stirring frequently until amaranth is tender and creamy.
3. Remove from heat, sweeten with honey to taste, and serve with desired toppings.

Frituras de Verduras

Ingredientes:
- aceite vegetal (para freír)
- ¾ taza **Harina Garbanzo Integrain**
- ½ taza **Harina de Arroz Integrain**
- 1½ taza agua
- 1 Cda semilla de cilantro molido
- 1 cdita comino molido
- 2 chiles verdes (picados)
- 2 Cdas cilantro fresco (picado)
- 1 cdita sal
- 1 papa (pequeña, en rodajas finas)
- 8 coliflores (floretes)
- ½ calabacín (en rodajas finas)

Procedimiento:
1. Caliente el aceite vegetal en una sartén a fuego medio.
2. Mezcle la harina de garbanzo, la harina de arroz y el agua.
3. Agregue la semilla de cilantro molido, el comino, los chiles, el cilantro picado y la sal.
4. Cubra los trozos de papa, coliflor y calabacín con la masa.
5. Agréguelos en tandas al aceite caliente. Cuando estén dorados, retírelos y póngalos en toallas de papel para absorber el exceso de aceite antes de servir.

Spiced Vegetable Fritters

Ingredients:
- vegetable oil (for frying)
- ¾ cup **Integrain Chickpea Flour**
- ½ cup **Integrain Rice Flour**
- 1 ½ cup water
- 1 Tbsp ground coriander seeds
- 1 tsp ground cumin
- 2 green chili peppers (diced)
- 2 Tbsp fresh cilantro (diced)
- 1 tsp salt
- 1 potato (small, finely sliced)
- 8 cauliflower (florets)
- ½ zucchini (finely sliced)

Procedure:
1. Heat the vegetable oil in a skillet on medium heat.
2. Mix chickpea flour, rice flour, and water together.
3. Stir in the ground coriander, cumin, chili peppers, cilantro, and salt.
4. Coat pieces of potato, cauliflower, and zucchini with the batter.
5. Add them in batches to the hot oil to fry. Once they are golden brown, remove to paper towels to drain excess oil before serving.

Petit Choux de Pollo con Ajonjolí y Queso

Ingredientes para los Petit Choux:
- ½ taza agua
- ¼ taza mantequilla
- ¼ cdita sal
- ½ taza **Harina de Arroz Integrain**
- ¼ taza queso rallado
- 2 huevos grandes

Ingredientes para el Relleno de Pollo:
- 1 ½ tazas pollo cocido
- ¼ cdita cebolla en polvo
- 2 cdita perejil fresco picado
- ¼ cdita paprika
- 4 Cda mayonesa
- ½ cdita mostaza
- 2 Cda semillas de ajonjolí tostadas
- Sal y pimienta al gusto

Procedimiento:
1. **Para el relleno de pollo:** Mezcle bien todos los ingredientes. Refrigere hasta usar.
2. En una cacerola mezcle el agua, la mantequilla y la sal, y hierve a fuego medio.
3. Baje el fuego y agregue toda la harina a la vez, revolviendo hasta que la masa se convierta en una bola.
4. Retire del fuego y agregue el queso. Mezcle hasta que el queso se derrita.
5. Agregue los huevos, uno a la vez, batiendo bien después de añadir cada una. Bate hasta que la masa quede lisa y brillosa.
6. Ponga Cdas de la masa en una charola para hornear. Hornee a 220 °C por 10 min, luego baje la temperatura a 175 °C y hornee de 15 a 18 min. más hasta dorar.
7. Deje enfriar. Corte la parte superior de cada petit choux, rellene con el relleno de pollo, y reponga las tapas. Servir

Sesame Chicken and Cheese Petit Choux

Ingredients for the Petit Choux:
- ½ cup water
- ¼ cup butter
- ¼ tsp salt
- ½ cup **Integrain Rice Flour**
- ¼ cup grated cheese
- 2 large eggs

Ingredients for the Chicken Filling:
- 1 ½ cups cooked chicken
- ¼ tsp onion powder
- 2 tsp chopped fresh parsley
- ¼ tsp paprika
- 4 Tbsp mayonnaise
- ½ tsp mustard
- 2 Tbsp toasted sesame seeds
- Salt and pepper to taste

Procedure:
1. **For the chicken filling:** Mix all ingredients well. Chill until using.
2. In a saucepan mix water, butter and salt over medium heat and bring to a boil.
3. Turn heat to low and add all the flour at once, stirring until dough becomes a ball.
4. Remove from heat and add cheese. Mix until cheese melts.
5. Add eggs, one at a time, beating well after each addition. Beat until batter is smooth.
6. Drop by tablespoonfuls onto baking sheet. Bake at 425 °F for 10 min, then turn temp down to 350 °F and bake an additional 15-18 min until puffs are golden.
7. Let Cool, cut off tops and spoon chicken filling into puffs. Replace tops and serve.

 Arroz Francia Entrada 12 pz

Albóndigas Italianas

Ingredientes para las Albóndigas:
- ½ taza leche
- 2 huevos batidos
- ½ taza pan rallado integral
- ½ taza **Harina de Arroz Integrain**
- 1 cdita sal
- ¼ cdita pimienta negra
- ¼ taza queso parmesano rallado
- ½ cdita ajo en polvo
- ½ cdita cebolla en polvo
- 1 cdita perejil seco
- ½ kg carne molida
- aceite para freír

Ingredientes para la Salsa:
- ½ cebolla grande picada
- 2 dientes de ajo picados
- 2 Cdas aceite
- 3 tazas tomates picados
- 2 tazas puré de tomate
- ½ cdita orégano seco
- ¼ cdita albahaca seca
- 1 ¼ cdita sal
- 2 cditas miel de abeja

Procedimiento para las albóndigas:
1. Mezcle los ingredientes para las albóndigas y forme bolas.
2. Fríelos en aceite hasta dorar.

Procedimiento para la salsa:
1. Fríe la cebolla y el ajo en el aceite. Agregue los ingredientes restantes. Cocine a fuego lento por 30-40 min.
2. Agregue las albóndigas y cocine a fuego lento otros 10 min.

Italian Meatballs

Ingredients for Meatballs:
- ½ cup milk
- 2 beaten eggs
- ½ cup whole grain breadcrumbs
- ½ cup **Integrain Rice Flour**
- 1 tsp salt
- ¼ tsp black pepper
- ¼ cup grated Parmesan cheese
- ½ tsp garlic powder
- ½ tsp onion powder
- 1 tsp dried parsley
- ½ kg ground beef

Ingredients for Sauce:
- ½ large onion, chopped
- 2 garlic cloves, minced
- 2 Tbsp oil
- 3 cups chopped tomatoes
- 2 cups tomato puree
- ½ tsp dried oregano
- ¼ tsp dried basil
- 1 ¼ tsp salt
- 2 tsp honey

Procedure for Meatballs:
1. Mix all meatball ingredients and form into balls.
2. Fry in oil until brown.

Procedure for Sauce:
1. Saute onion and garlic in oil. Add remaining ingredients. Simmer for 30 - 40 min.
2. Add meatballs and simmer another 10 min.

Galletas de Chocolate con Harina de Arroz

Ingredientes:
- 1 ¼ taza chispas de chocolate
- 2 huevos
- ½ taza azúcar moreno
- ½ taza mantequilla
- 1 cdita extracto de vainilla-
- 1 ¾ **Harina de Arroz Integrain**
- ¼ tazas cacao en polvo
- 1 cdita polvo para hornear
- 1 pizca sal de mar

Procedimiento:
1. Precaliente el horno a 180 °C.
2. Prepare una bandeja para hornear con papel pergamino.
3. Derrita la mitad de las chispas de chocolate.
4. En un tazón mezcle los huevos, el azúcar y la mantequilla. Agregue gradualmente el chocolate derretido y la vainilla, y mezcle bien al agregar.
5. Agregue la harina de arroz, el cacao en polvo, el polvo para hornear y la sal. Mezcle bien hasta incorporar. Agregue las chispas de chocolate restantes.
6. Refrigere por un mínimo de 8 horas.
7. Coloque Cdas de la masa en la charola, dejando 2" de distancia entre cada una.
8. Hornee por 12 min. Enfríe y guárdelas en un recipiente hermético.

Chocolate Cookies with Rice Flour

Ingredients:
- 1 ¼ cup of Chocolate Chips
- 2 Eggs
- ½ cup of brown sugar
- ½ cup of butter
- 1 tsp vanilla extract
- 1 ¾ **Integrain Rice Flour**
- ¼ cups Cocoa powder
- 1 tsp baking powder
- 1 pinch of sea salt

Procedure:
1. Preheat oven to 350 °F.
2. Line a baking sheet with parchment paper.
3. Melt half of the chocolate chips.
4. In a bowl, mix eggs, sugar and butter. Gradually add the melted chocolate and vanilla, mixing well as you add.
5. Add rice flour, cocoa powder, baking soda and salt. Mix well until combined. Add the remaining chocolate chips.
6. Refrigerate for at least 8 hours.
7. Place a tablespoon of the dough on the tray, two inches apart.
8. Bake for about 12 min. Cool and store in an airtight container.

Atole de Harina de Arroz con Fresas

Ingredientes:
- 6 fresas
- 4 Cdas azúcar
- 4 tazas agua o leche
- 4 Cdas **Harina de Arroz Integrain**
- 2 Cdas vinagre blanco

Procedimiento:
1. Ponga a remojar las fresas en agua con vinagre por 10 min. Escurra y muele en la licuadora. Si es necesario agregue un poca de agua.
2. Disuelva la harina en una taza de agua fría.
3. Ponga a hervir el resto del agua con la fruta molida y el azúcar. Cuando empieza a hervir, deje cocer 5 min revolviendo con frecuencia.
4. Añade la harina disuelta. Deje hervir el atole a fuego medio de 6 a 8 min, moviendo hasta que quede espeso.
5. Servir caliente.

Rice Flour Atole with Strawberries

Ingredients:
- 6 strawberries
- 4 Tbsp white sugar
- 4 cups of water or milk
- 4 Tbsp **Integrain Rice Flour**
- 2 Tbsp white vinegar

Procedure:
1. Soak the strawberries in water with vinegar for 10 min. Drain and grind in blender. If needed add a little water.
2. Dissolve the flour in a cup of cold water or milk.
3. Boil the rest of the water or milk with ground strawberries and sugar. When it starts boiling, cook for 5 min, stirring frequently.
4. Add the dissolved flour. Let the atole boil over medium heat for 6 to 8 min, stirring until it thickens.
5. Serve hot.

Pan de Caja Sin Gluten

Ingredientes para la Mezcla de Harina Sin Gluten:
- 2 tazas **Harina de Arroz Integrain**
- 1 taza **Harina de Garbanzo Integrain**
- ½ taza maicena
- ¼ taza linaza molida
- 1 Cda polvo de psyllium
- 1 Cda goma xantana

Ingredientes para Pan:
- 2 tazas mezcla de harina sin gluten
- 4 cditas polvo para hornear
- ½ cdita bicarbonato de sodio
- ¼ cdita sal
- 1 ½ tazas leche o agua
- ¼ taza de agua
- ¼ taza de aceite de oliva
- 1 huevo
- 1 Cda vinagre de sidra de manzana

Procedimiento:
1. Mezcle bien todos los ingredientes para la Mezcla de Harina Sin Gluten. Guarde en una bolsa resellable.
2. En un tazón, bate la leche, el agua, el aceite, el huevo y el vinagre.
3. Agregue 2 tazas de la Mezcla de Harina Sin Gluten, polvo para hornear, bicarbonato de sodio y sal. Mezcle bien hasta incorporar.
4. Vierta la masa en un molde para pan engrasado y hornee a 175 °C por 35-40 min. o hasta que un palillo insertado sale limpio.

Gluten-Free Loaf Bread

Ingredients for Gluten-Free Flour Mix:
- 2 cups **Integrain Rice Flour**
- 1 cup **Integrain Chickpea Flour**
- ½ cup cornstarch
- ¼ cup ground flaxseed
- 1 Tbsp psyllium powder
- 1 Tbsp xanthum gum

Ingredients for Bread:
- 2 cups Gluten-Free Flour mix
- 4 tsp baking powder
- ½ tsp baking soda
- ¼ tsp salt
- 1 ½ cup milk or water
- ¼ cup water
- ¼ cup olive oil
- 1 egg
- 1 Tbsp apple cider vinegar

Procedure:
1. Mix all Gluten-Free Flour Mix ingredients well. Store in a resealable bag
2. In a bowl, whisk milk, water, oil, egg, and vinegar.
3. Add 2 cups of Gluten-Free Flour Mix, baking powder, baking soda, and salt. Mix well to combine.
4. Pour into greased loaf pan and bake at 350 °F for 35-40 min, or until inserted toothpick comes out clean.

Galletas de Harina de Arroz

Ingredientes:
- 200 gr. **Harina Arroz Integrain**
- 75 gr. mantequilla ablandada
- 60 gr. azúcar
- 1 huevo
- ½ cdita ralladura de limón
- mermelada preferida

Procedimiento:
1. En un tazón, bate el huevo con el azúcar. Añade la mantequilla y la ralladura de limón.
2. Agregue la harina. Revuelva con un tenedor, luego amase rápidamente hasta obtener una bola compacta. Envuelve en envoltura de plástico y refrigere por 1 hora
3. Estire la masa sobre una superficie enharinada hasta alcanzar 5mm de grueso. Corte la masa en círculos con una tapa o un cortador de galletas. Divide las galletas en 2 grupos iguales y corte un agujero pequeño en el centro de la mitad de las galletas.
4. Ponga las galletas en una bandeja para hornear forrada con papel pergamino. Hornee a 175 °C por 10 min.
5. Embarre un poco de mermelada sobre las galletas sin el agujero central. Espolvoree la otra mitad de las galletas con azúcar glass. Ponga las galletas con agujeros y azúcar glass encima de las que tienen mermelada.

Rice Flour Biscuits

Ingredients:
- 200 gr. **Integrain Rice Flour**
- 75 gr. softened butter
- 60 gr. sugar
- 1 egg
- ½ tsp lemon zest
- jam of your preference

Procedure:
1. In a bowl, whisk egg with sugar. Add butter and lemon zest.
2. Add flour. Stir with a fork, then knead quickly until you get a compact ball. Wrap in plastic film and refrigerate for 1 hour
3. Roll out the dough on a floured surface to 5mm thick. Cut the dough with a round lid or cookie cutter. Divide the biscuits into 2 equal groups and cut a smaller central hole in half of the biscuits.
4. Put the biscuits on a baking tray lined with parchment paper. Bake at 350 °F for 10 min.
5. Spread a little jam on the biscuits without the central hole. Sprinkle the other half of the biscuits with icing sugar. Put the biscuits with holes and icing sugar on top of the ones with jam.

Pastelitos de Calabaza

Ingredientes para los pastelitos
- 1 ½ taza de azúcar
- ¾ taza aceite (o mantequilla)
- 3 huevos
- 2 tazas de calabaza (cocida y triturada)
- 1 cdita de sal de mar
- 1 taza **Harina de Avena Integrain**
- 1 ½ taza **Harina de Trigo Integrain**
- 1 ½ cdita canela
- 2 cdita bicarbonato de sodio
- 2 cdita vainilla
- una pizca de nuez moscada (opc.).

Ingredientes para el Betún/Relleno:
- 4 onzas queso crema ablandado
- 2 tazas azúcar glass
- 1 cdita de vainilla
- ⅓ taza de mantequilla ablandada
- 5 Cdas de crema

Procedimiento para los Pastelitos:
1. Bate el azúcar y los huevos. Añade y mezcle el resto del los ingredientes.
2. Prepare un molde para muffins con capacillos de papel.
3. Distribuya la mezcla en los capacillos llenando hasta ¾ y hornee a 175 °C por 25 min.

Procedimiento para el Betún/Relleno:
1. Bate bien todos los ingredientes para el betún/relleno con un batidor.
2. Se puede usar para embetunar o rellenar los pastelitos.

Pumpkin Cupcakes

Ingredients for cupcakes:
- 1 ½ cup sugar
- ¾ cup oil (butter works as well)
- 3 eggs
- 2 cup pumpkin (cooked and mashed)
- 1 tsp sea salt
- 1 cup **Integrain Oat Flour**
- 1 ½ cup **Integrain Whole Wheat Flour**
- 1 ½ tsp cinnamon
- 2 tsp baking soda
- 2 tsp vanilla
- Pinch of nutmeg (opt.)

Ingredients for Frosting/Filling:
- 4 oz. cream cheese softened
- 2 cup icing sugar
- 1 tsp vanilla
- ⅓ cup butter (room temperature)
- 5 Tbsp cream

Procedure for Cupcakes:
1. Beat the sugar and the eggs. Add and mix the rest of the ingredients.
2. Line muffin pan with cups.
3. Distribute the mixture in cups, filling up to ¾ and bake at 350 °F for about 25 min.

Procedure for Frosting/Filling:
1. Beat all the ingredients for the frosting/filling with an egg beater.
2. Can be used for frosting or filling cupcakes.

Avena

USA

Aperitivo

12 pz

Alitas de Pollo Búfalo

Ingredientes para las alitas:
- 1 taza **Harina de Avena Integrain**
- 1 cdita pimienta de cayena
- 1 cdita pimentón
- 1 cdita sal de mar
- ¼ cdita pimienta negra
- 1 ½ - 2 libras de alitas de pollo
- aceite vegetal para freír

Ingredientes para la salsa:
- ⅓ taza mantequilla derretida
- ⅓ taza salsa picante
- ¼ cdita ajo en polvo

Procedimiento para las alitas:
1. En un tazón, combine la harina de avena, la pimienta de cayena, el pimentón, la sal y una pizca de pimienta negra. Mezcle.
2. Coloque las alitas de pollo en una bolsa. Agregue la harina de avena sazonada, selle la bolsa y agite para cubrir cada ala por completo. Refrigere por 1 hora.
3. Retire la bolsa de alitas del refrigerador y agítala nuevamente. Retire las alas de la bolsa, sacando el exceso de harina. Deseche cualquier resto de harina en la bolsa.
4. Caliente el aceite a 190 °C en una freidora.
5. Fríe las alitas en lotes durante 8-10 min, o hasta que estén bien cocidas y crujientes. Escurra sobre toallas de papel. Ponga las alitas en un tazón grande y mezcle con la salsa. Opc: sirva con aderezo de queso azul y apio.

Procedimiento para la salsa:
1. En una cacerola pequeña, combine los ingredientes para la salsa. Caliente a fuego lento y mantenga caliente hasta servir.

Buffalo Chicken Wings

Ingredients for the wings:
- 1 cup **Integrain Oat Flour**
- 1 tsp cayenne pepper
- 1 tsp paprika
- 1 tsp salt
- ¼ tsp black pepper freshly ground
- 1 ½ to 2 lbs chicken wings
- vegetable oil for deep frying

Ingredients for the sauce:
- ⅓ cup butter melted
- ⅓ cup hot sauce
- ¼ tsp garlic powder

Procedure for the wings:
1. In a bowl, combine oat flour, cayenne, paprika, salt and black pepper. Whisk.
2. Place chicken wings in a resealable bag. Add seasoned oat flour, seal bag and shake to coat each wing completely. Refrigerate for one hour.
3. Remove bag of wings from refrigerator and shake again. Remove wings from bag, tapping off excess flour. Discard any flour left in bag.
4. Heat oil to 375 °F in deep fryer.
5. Fry wings in batches for 8-10 min, or until cooked through and crisp.
6. Drain on paper towels. Transfer wings to a large bowl and toss with warm sauce. Opt: Serve with Blue Cheese Dip and celery sticks.

Procedure for the sauce:
1. In a small saucepan over low heat, combine wing sauce ingredients and keep warm.

Hamburguesas de Champiñones y Avena

Ingredientes:
- 6 cditas aceite de oliva, divididas
- 2 tazas champiñones picados
- 1 cebolla picada
- ⅜ cdita sal
- 2 dientes ajo, prensados
- 1 taza **Harina de Avena Integrain**
- ½ taza de nueces finamente molidas
- 1 taza caldo de pollo o agua hirviendo
- 1 Cda perejil seco

Procedimiento:
1. Caliente una sartén antiadherente a fuego medio. Cuando esté caliente, agregue 3 cditas de aceite de oliva.
2. Agregue los champiñones y saltee de 5 a 6 min hasta que estén dorados.
3. Agregue la cebolla picada y ⅛ de cdita de sal. Revuelva. Saltee hasta que esté cocido.
4. Agregue el ajo prensado y saltee. Retire el sartén del fuego.
5. En un tazón, revuelva la harina, las nueces molidas, ¼ de cdita de sal y el perejil seco. Agregue los champiñones salteados, la cebolla, el ajo y el caldo hirviendo, y revuelva para combinar. Deje reposar por 10 min.
6. Mójese las manos y forme 4 hamburguesas con la mezcla.
7. Caliente un sartén a fuego medio. Cuando esté caliente, agregue 3 cditas de aceite de oliva. Cocine las hamburguesas por 3 min por ambos lados.

Mushroom and Oat Burgers

Ingredients:
- 6 tsp olive oil divided
- 2 cups chopped mushrooms
- 1 onion diced
- ⅜ tsp salt
- 2 cloves garlic, pressed
- 1 cup **Integrain Oat Flour**
- ½ cup finely ground walnuts or pecans
- 1 cup boiling chicken broth or water
- 1 Tbsp dried parsley

Procedure:
1. Heat a non-stick skillet over medium heat. Add 3 tsp of olive oil when hot.
2. Add the mushrooms to the oiled skillet and sauté 5-6 min until golden brown.
3. Add diced onion and ⅛ tsp salt. Stir to combine. Sauté until cooked.
4. Add the pressed garlic and sauté until cooked. Remove skillet from heat.
5. In a bowl stir, flour, ground nuts, ¼ tsp salt, and the dried parsley. Add the sautéed mushrooms, onion, garlic, and broth and stir to combine. Let rest for 10 min.
6. Wet your hands, and form the mixture into 4 burgers.
7. Heat a large non-stick skillet over medium heat. When hot, add 3 tsp of olive oil. Cook burgers for 3 min on each side.

Pastel para el Café con Relleno de Crema

Ingredientes para el pastel:
- ½ taza mantequilla
- 2 tazas azúcar
- 3 huevos
- 2 tazas **Harina de Avena Integrain**
- 2 tazas **Harina de Trigo Integrain**
- ½ taza **Harina de Arroz Integrain**
- 2 cditas. bicarbonato de sodio
- 1 cdita sal
- 2 tazas suero de leche
- ½ cdita vainilla

Ingredientes para el relleno:
- 8 onzas queso crema
- ⅔ taza mantequilla
- 2 cditas vainilla
- 3 tazas azúcar en polvo

Ingredientes para la cobertura:
- ¼ taza crema de avellanas
- ¼ taza crema de cacahuate
- 1 taza azúcar morena
- 4 Cdas **Harina de Avena Integrain**
- 2 Cdas mantequilla
- 2 cditas canela

Procedimiento:
1. **Pastel:** Precaliente el horno a 175 °C. Bate la mantequilla, el azúcar y los huevos. Agregue el resto de los ingredientes para el pastel y mezcle con un batidor.
2. Engrase 2 moldes redondos para pastel. Vierta la masa en ambos moldes. Hornee por 25 min. y deje enfriar.
3. **Relleno:** Bate todos los ingredientes hasta que quede cremoso. Embarre el relleno sobre el primer pastel y ponga el segundo arriba del relleno.
4. **Cobertura:** Mezcle la crema de avellanas y la crema de cacahuate y embetune la parte de arriba del pastel. Mezcle los ingredientes restantes y espolvoree encima. Sirva con **Café Integrain**

Cream-Filled Coffee Cake

Ingredients for cake:
- ½ cup butter
- 2 cup sugar
- 3 eggs
- 2 cup **Integrain Oat Flour**
- 2 cup **Integrain Whole Wheat Flour**
- ½ cup **Integrain Rice Flour**
- 2 tsp. baking soda
- 1 tsp salt
- 2 cup buttermilk
- ½ tsp vanilla

Ingredients for filling:
- 8-ounce cream cheese
- ⅔ cup butter
- 2 tsp vanilla
- 3 cup powdered sugar

Ingredients for topping:
- ¼ cup hazelnut spread
- ¼ cup peanut butter
- 1 cup brown sugar
- 4 Tbsp Integrain Oat Flour
- 2 Tbsp butter
- 2 tsp cinnamon

Procedure:
1. **Cake:** Preheat oven to 350 °F. Cream together the butter, sugar, and eggs. Add the rest of the cake ingredients and mix with an egg beater.
2. Grease 2 circular cake pans. Pour batter into pans. Bake for 25 min. Allow to cool.
3. **Filling:** Beat all ingredients until smooth and creamy. Layer the cakes with filling.
4. **Topping:** Mix hazelnut and peanut butter and spread on top of cake. Mix remaining topping ingredients and sprinkle on top. Serve with **Integrain Coffee**

 Avena Alemania Postre 1

Pan de Camote

Ingredientes:
- 2 huevos
- 6 Cdas miel de abeja
- 2 Cdas aceite de coco
- 1 cdita extracto de vainilla
- 2 plátanos maduros machacados
- ½ taza camote cocido y molido
- 1 ½ taza **Harina de Avena Integrain**
- 1 cdita bicarbonato
- 1 cdita polvo para hornea
- 2 ½ cditas canela molida
- ¼ cdita clavo molido
- ¼ cdita nuez moscada
- ¼ cdita sal de mar

Procedimiento:
1. Mezcle los ingredientes líquidos: los huevos, la miel, el aceite, la vainilla, los plátanos, y el camote.
2. Mezcle los ingredientes secos: la harina, el bicarbonato, el polvo para hornear, la canela, el clavo, la nuez moscada, y la sal.
3. Vierta los ingredientes secos a los ingredientes líquidos y bate bien hasta incorporar.
4. Vierta la masa en un molde para pan engrasado. Hornee por 35-40 min a 180 °C

Sweet Potato Bread

Ingredients:
- 2 eggs
- 6 Tbsp honey
- 2 Tbsp coconut oil
- 1 tsp vanilla extract
- 2 ripe bananas, mashed
- ½ cup cooked mashed sweet potato
- 1 ½ cup **Integrain Oat Flour**
- 1 tsp baking soda
- 1 tsp baking powder
- 2 ½ tsp ground cinnamon
- ¼ tsp ground cloves
- ¼ tsp nutmeg
- ¼ tsp sea salt

Procedure:
1. Mix liquid ingredients: eggs, honey, oil, vanilla, banana, and sweet potato.
2. Mix the dry ingredients: flour, baking soda, baking powder, cinnamon, cloves, nutmeg, and salt.
3. Add the dry ingredients to the liquid ingredients and beat well until combined.
4. Pour the batter into a greased bread pan and bake for 35-40 min at 360 °F

Crepas de Harina de Avena

Ingredientes:
- 2 huevos
- 1 taza leche
- 1 taza **Harina de Avena Integrain**
- 1 cdita vainilla
- 1 pizca sal de mar

Procedimiento:
1. En un tazón mezcle todos los ingredientes. La mezcla debe de quedar algo liquida.
2. Caliente un sartén engrasado y cocine las crepas de ambos lados.
3. Sirva con tus toppings favoritos.

Oatmeal Crepes

Ingredients:
- 2 eggs
- 1 cup milk
- 1 cup **Integrain Oat Flour**
- 1 tsp vanilla
- 1 pinch of sea salt

Procedure:
1. In a bowl mix all ingredients. The mixture should be somewhat liquid.
2. Heat a greased pan and cook crepes on both sides.
3. Serve with your favorite toppings.

Jau Ki Papdi | Galletitas de Cebada

Ingredientes:
- ½ taza **Harina de Cebada Integrain**
- ½ taza **Harina de Trigo Integrain**
- ¼ taza **Harina de Garbanzo Integrain**
- ½ cdita bicarbonato de sodio
- ½ cdita sal al gusto
- 3 Cdas aceite vegetal
- agua tibia para hacer la masa
- 5 granos de pimienta
- ½ Cda perejil
- ½ Cda comino
- ¼ cdita chile rojo en polvo
- ¼ cdita cebolla en polvo
- ¼ cdita ajo en polvo

Procedimiento:
1. Triture las especias enteras hasta obtener un polvo grueso.
2. Precaliente el horno a 175 °C. Cubra una charola para hornear con papel pergamino.
3. En un tazón grande, combine todos los ingredientes, incluyendo las especias trituradas, el aceite y la sal. Agregue agua tibia y amase hasta obtener una masa espesa. Seguir amasando por unos 5 min.
4. Estire la masa sobre una superficie enharinada. Mantenga uniforme el grosor de la masa extendida y a aproximadamente ¼ de pulgada.
6. Corte figuras en la masa extendida con un cortador de galletas. Pique las galletas con un tenedor, uniformemente por toda la superficie. Coloque las galletas en la charola para hornear forrada con papel pergamino, y hornee de 15 a 18 min.
7. Enfríe las galletas sobre una rejilla, y luego guárdelas en un recipiente hermético.
8. Sirva tal cual o con mermelada o queso fundido.

Jau Ki Papdi | Barley Crackers

Ingredients:
- ½ cup **Integrain Barley Flour**
- ½ cup **Integrain Wheat Flour**
- ¼ cup **Integrain Chickpea Flour**
- ½ tsp baking soda
- ½ tsp salt to taste
- 3 Tbsp vegetable oil
- warm water to make the dough
- 5 peppercorn
- ½ Tbsp parsley
- ½ Tbsp cumin
- ¼ tsp red chili powder
- ¼ tsp onion powder
- ¼ tsp garlic powder

Procedure:
1. Crush the whole spices to a coarse powder.
2. Preheat the oven to 350 °F. Line a baking sheet with parchment paper.
3. In a large bowl, combine all the ingredients including the crushed spices, oil and salt. Add warm water and knead to a stiff dough. Keep kneading for about 5 min.
4. Roll the dough out on a floured surface. Keep the thickness of the rolled dough uniform to about ¼ inch.
6. Using a cookie cutter, cut out the rolled dough. Using a fork, prick the dough evenly all over the surface. Place them on the lined baking sheet and bake for 15 -18 min.
7. Cool the crackers on a wire rack and then store in an airtight container.
8. Serve as is or with jam or cheese.

Cebada

India

Aperitivo

15 pz

Tortitas de Salmón

Ingredientes para las Tortitas:
- 1 lata (418 g) de salmón
- 1 cdita mostaza
- ¼ taza pan integral molido (página 282)
- ¼ taza **Harina de Cebada Integrain**
- 1 huevo
- jugo de ½ limón
- 2 Cdas cebolla picada
- 1 cdita hojuelas de perejil seco
- sal y pimienta al gusto
- salsa picante al gusto
- pan integral molido para empanizar
- 2 Cdas aceite
- 2 Cdas mantequilla

Ingredientes para la Salsa de Mayonesa Picante:
- ¼ taza mayonesa
- 2 cdita salsa picante
- ½ cdita jugo de lima
- ⅛ cdita ajo en polvo
- 2 Cda crema ácida
- 1 cdita miel, (opc.)
- Sal al gusto

Procedimiento:
1. Mezcle los ingredientes para las Tortitas, menos el pan molido para empanizar, el aceite y la mantequilla.
2. Forme 6 tortitas y empanízelos con el pan molido.
3. Fríe las tortitas en el aceite y la mantequilla.
4. Mezcle bien todos los ingredientes para la Salsa de Mayonesa Picante
5. Sirva las tortitas con la Salsa de Mayonesa Picante.

Salmon Patties

Patty Ingredients:
- 1 can (418 g) salmon
- 1 tsp mustard
- ¼ cup whole grain breadcrumbs
- ¼ cup **Integrain Barley Flour**
- 1 egg
- juice from ½ lime
- 2 Tbsp minced onion
- 1 tsp dried parsley flakes
- salt and pepper to taste
- hot sauce to taste
- whole breadcrumbs for breading
- 2 Tbsp oil
- 2 Tbsp butter

Spicy-Mayo Dipping Sauce Ingredients:
- ¼ cup mayonnaise
- 2 tsp hot sauce
- ½ tsp lime juice
- ⅛ tsp garlic powder
- 2 Tbsp sour cream
- 1 tsp honey, opt.
- salt to taste

Procedure:
1. Mix the patty ingredients, except breadcrumbs for breading, oil and butter.
2. Form into 6 patties and dip them in breadcrumbs.
3. Fry the breaded patties in oil and butter.
4. Mix all Spicy-Mayo Dipping Sauce ingredients well.
5. Serve patties with Spicy-Mayo Dipping Sauce.

Quiche de Queso con Tocino

Ingredientes:
- 1 base de pay sin hornear de 9"
- 4-5 tiras de tocino
- 2 cdita de **Harina de Cebada Integrain**
- ⅓ taza leche
- 1 taza agua
- Salsa de soya tamari, cayena, mostaza seca, paprika al gusto
- 1 cebolla mediana, en rodajas muy finas o licuada.
- ½ cdita sal marina
- 2 huevos
- ⅔ taza queso rallado
- grasa de tocino

Procedimiento: Precaliente el horno a 175 °C
1. Freír las tiras de tocino hasta que estén crujientes. Escurrir sobre una toalla de papel. desmoronarse en pedacitos; dejar de lado.
2. Haga una pasta mezclando harina de centeno con la grasa de tocino sobrante. Freír y añadir la leche y el agua.
3. Batir los huevos y mezclar con la taza de agua restante.
4. Combine las dos mezclas y agregue los condimentos.
5. Ponga una capa de queso en la masa para pastel sin hornear. Cubra el queso con cebolla en rodajas finas. Vierta la mezcla de huevo y leche sobre todo. Espolvoree pedacitos de tocino encima y hornee durante 40 min, o hasta que estén bien doradas. Enfriar un poco, durante unos 5 min. luego corte el pastel en gajos.

Cheese Quiche with Bacon

Ingredients:
- 1 unbaked pie crust 9"
- 4-5 strips bacon
- 2 tsp **Integrain Barley Flour**
- ⅓ cup milk
- 1 cup water
- Tamari soy sauce, cayenne, dry mustard, paprika to taste
- 1 medium sized onion, very thinly- sliced or blended.
- ½ tsp sea salt
- 2 eggs
- ⅔ cup grated cheese
- Bacon drippings

Procedure: Preheat the oven to 350 °F
1. Fry bacon strips until crisp. Drain on paper towel. Crumble into bits; set aside.
2. Make paste by mixing rye flour, with left over bacon grease. Fry and add milk and the water.
3. Beat the eggs and mix with the remaining cup of water.
4. Combine the two mixtures and add seasonings.
5. Layer cheese into unbaked pie crust. Cover the cheese with thinly-sliced onion. Pour egg-milk mixture over all. Sprinkle bacon bits on top and bake 40 min, or until nicely browned. Cool slightly, for about 5 min. then cut pie into wedges.

 Alemania Principal 6

Scones de Expreso con Trozos de Chocolate

Ingredientes para los Scones:
- 1 taza **Harina de Cebada Integrain**
- 1 ½ tazas **Harina de Trigo Integrain**
- ¼ taza azúcar morena
- 2 cditas polvo para hornear
- ½ cdita bicarbonato de sodio
- ½ cdita sal
- 2 huevos grandes
- ½ taza mantequilla fría, rallada
- ½ taza suero de leche
- ¼ taza espresso de **Café Integrain**
- 1 cdita extracto de vainilla
- ½ taza chocolate picado
- 2 Cdas de crema

Ingredientes para el Glaseado:
- 2 Cdas mantequilla
- ¼ taza jarabe de maple
- 1 taza azúcar glass
- ½ cdita extracto de vainilla
- una pizca de sal

Procedimiento:
1. Mezcle los ingredientes secos. Agregue la mantequilla rallada y mezcle con un tenedor.
2. Agregue el resto de los ingredientes, menos 1 huevo y la crema. Mezcle bien.
3. Ponga la masa sobre una superficie enharinada. Aplane la masa hasta formar un círculo de aproximadamente 8 " de diámetro y corte en 8 gajos. Póngalos en una charola para hornear forrada con papel pergamino.
4. Bate el huevo y la crema y cepillar sobre los scones.
5. Hornee a 200 °C por 15-18 min, o hasta que estén doradas.
6. Bate los ingredientes para el glaseado. Rocíe sobre los scones enfriados.

Espresso Chocolate Chunk Scones

Scone Ingredients:
- 1 cup **Integrain Barley Flour**
- 1 ½ cups **Integrain White Wheat Flour**
- ¼ cup brown sugar
- 2 tsp baking powder
- ½ tsp baking soda
- ½ tsp salt
- 2 large eggs
- ½ cup cold butter, grated
- ½ cup buttermilk
- ¼ cup **Integrain Coffee** espresso
- 1 tsp vanilla extract
- ½ cup chopped chocolate
- 2 Tbsp cream

Glaze Ingredients:
- 2 Tbsp butter
- ¼ cup maple syrup
- 1 cup powdered sugar
- ½ tsp vanilla extract
- pinch of salt

Procedure:
1. Mix dry ingredients. Add grated butter and mix with a fork.
2. Add remaining ingredients, except 1 egg and the cream. Mix well.
3. Turn dough onto a floured surface. Pat into a circle, about 8 " in diameter, and cut into 8 wedges. Transfer to baking sheet lined with parchment paper.
4. Whisk egg and cream together and brush over scones.
5. Bake at 400 °F for 15-18 min, or until golden.
7. Whisk together glaze ingredients. Drizzle over cooled scones.

Cebada | Escocia | Postre | 8

Panecillos de Cebada, Avena y Trigo Sarraceno

Ingredientes:
- ⅓ taza **grano Integrain Trigo Sarraceno**
- 1 ½ tazas agua, dividida
- 2 ¼ cdita levadura seca activa
- 2 tazas **Harina Trigo Integrain**, divididas
- ½ taza **Harina de Cebada Integrain**
- ½ taza **Harina Integrain de Avena**
- 1 cdita sal marina
- 2 Cda aceite vegetal
- 3 Cda miel de abeja

Procedimiento:
1. Cuece el trigo sarraceno en agua, retire del fuego y deje enfriar. Mezcle la levadura, ½ taza de agua tibia (44 °C), y ½ taza de harina de trigo. Cubra con envoltura de plástico y deje reposar por aprox. 10 min. o hasta que burbujea
2. En un recipiente aparte, mezcle ½ taza de agua, el aceite, la miel, la sal, la harina de cebada, y la harina de avena. Agregue el sarraceno cocido y la mezcla de levadura. Revuelva. Añade la harina de trigo restante, ½ taza a la vez, y mezcle hasta integrar.
3. Amase sobre una tabla ligeramente harinada, hasta que la masa esté suave, aprox. 10 min. Ponga la masa en un recipiente bien engrasado, cubra con envoltura de plástico, y deje reposar hasta que doble su tamaño.
4. Amase la masa de 5 a 10 min para sacar la burbujitas de aire.
5. Engrase un molde para muffins de 12 porciones. Pellizque pedacitos de la masa y coloque 3 pedazos en cada hoyo. Rocíe con aceite, cubra, y deje crecer hasta que doble su tamaño, aprox. 30 min.
6. Hornee a 190 °C por 20 min. Retire del horno y enfríe sobre una rejilla.

Barley, Oats and Buckwheat Rolls

Ingredients:
- ⅓ cup **Integrain Buckwheat Groats**
- 1 ½ cups water, divided
- 2 ¼ tsp active dry yeast
- 2 cups **Integrain Wheat Flour**, divided
- ½ cup **Integrain Barley Flour**
- ½ cup **Integrain Oat Flour**
- 1 tsp sea salt
- 2 Tbsp, vegetable oil
- 3 Tbsp, honey

Procedure:
1. Cook buckwheat in water, remove from heat, and cool. Mix yeast, ½ cup warm water (110 °F), and ½ cup wheat flour. Cover with plastic wrap and allow to rise about 10 min. or until bubbly.
2. In a separate bowl, mix together ½ cup water, oil, honey, salt, barley and oat flour. Add cooked buckwheat and yeast mixture. Stir. Add remaining wheat flour ½ cup at a time and mix well until all flour is combined
3. On lightly floured board knead until dough is smooth, about 10 min. Place the dough in a well-oiled bowl, and cover with plastic wrap. Rise until doubled in size.
4. Punch dough down, turn out and knead 5 to 10 min to release the air.
5. Grease a 12 portion muffin pan. Pinch off pieces of dough and place 3 pieces in each cup. Spray tops with cooking spray. Cover and let rise until doubled in size, 30 min.
6. Bake at 375 °F for about 20 min. Remove from oven and cool on wire rack.

Cebada

USA

Pan

12 pz

Rollos de Trigo y Cebada con Comino

Ingredientes:
- 1 ½ taza **Harina de Trigo Integrain**
- ¾ taza **Harina de Cebada Integrain**
- 1 ¾ cdita levadura
- leche y agua
- 1 Cda miel de abeja
- 1 cdita sal
- ¾ cdita comino en polvo

Procedimiento:
1. Mezcle la miel, la levadura, ½ taza de agua tibia, y ¼ taza de leche hasta que la levadura se disuelva. Deje reposar por 10-15 min.
2. Ponga todos los demás ingredientes en un tazón y mezcle bien. Añade la mezcla de levadura y amasar, agregando suficiente agua para que la masa quede suave pero no pegajosa. Forme una bola con la masa, engrásela con aceite, y colóquela en un recipiente engrasado. Cubra y deje que la masa crezca hasta el doble.
3. Desinfle suavemente la masa y divídala en 6 porciones. Forme rollos, colóquelos sobre una charolla para hornear engrasada y tapelos, dejando que crezcan un poco (unos 20 min). Cepille con leche y hornee a 190 °C por 25 - 30 min. o hasta que se doren. Enfríe sobre una rejilla.
4. Se pueden servir con finas rodajas de tomate, pepino, y queso.

Cumin Flavored Wheat And Barley Rolls

Ingredients:
- 1 ½ cup **Integrain Wheat Flour**
- ¾ cup **Integrain Barley Flour**
- 1 ¾ tsp yeast
- milk and water
- 1 Tbsp honey
- 1 tsp salt
- ¾ tsp cumin powder

Procedure:
1. Mix the honey, yeast , ½ a cup of warm water, and ¼ cup milk until the yeast dissolves. Allow to rest for about 10-15 min.
2. Put all the other ingredients in a bowl and mix well. Add the yeast mixture and and mix well adding enough water to make a dough that is soft but not sticky. Shape the dough into a ball, grease the dough and place it in a greased bowl. Cover and allow the dough to rise till double.
3. Gently deflate the dough and divide into 6 portions. Shape into rolls, place on a greased baking sheet and cover them, allowing them to rise a little (about 20 min). Brush them with milk and bake at 375 °F for 25 - 30 min. till brown. Cool on a rack.
4. These rolls make a nice snack when filled with thin slices of tomatoes, cucumber and cheese.

Puerquitos Encobijados

Ingredientes para la masa:
- 1 ½ tazas **Harina de Centeno Integrain**
- ½ taza **Harina de Trigo Integrain**
- ½ Cda azúcar morena
- 2 cditas polvo para hornear
- ½ cdita sal
- 4 Cdas mantequilla, derretida y enfriada
- ¾ -1 taza de leche
- mini salchichas

Batido de huevo:
- 1 huevo batido
- 1 Cda agua
- Semillas de amapola y semillas de ajonjolí para espolvorear

Procedimiento:
1. Mezcle los ingredientes secos. Agregue mantequilla y leche. Mezcle para combinar.
2. Estire la masa hasta formar un rectángulo de 15 x 7 pulgadas.
3. Corte en 18 rectángulos delgados.
4. Enrolle las mini salchichas en los rectángulos de masa.
5. Bate el huevo con 1 Cda de agua.
6. Cepille las salchichas envueltas con el huevo batido y espolvoree con semillas de amapola y ajonjolí.
7. Hornee a 200 °C por 18-20 min. o hasta que estén dorados.

Pigs in a Blanket

Ingredients:
- 1 ½ cups **Integrain Rye Flour**
- ½ cup **Whole Integrain Wheat Flour**
- ½ Tbsp brown sugar
- 2 tsp baking powder
- ½ tsp salt
- 4 Tbsp butter, melted and cooled
- ¾ -1 cup milk
- mini hot-dogs

Egg wash:
- 1 egg beaten
- 1 Tbsp water
- Poppy seeds and sesame seeds for sprinkling

Procedure:
1. Mix dry ingredients. Add butter and milk. Mix to combine.
2. Roll dough out into a 15 x 7-inch rectangle.
3. Cut into 18 skinny rectangles.
4. Roll mini hot-dogs in rectangles of dough.
5. Beat egg with 1 Tbsp of water.
6. Brush wrapped hot-dogs with egg wash and sprinkle with poppy and sesame seeds.
7. Bake at 400 °F for 18-20 min. or until golden.

Pan con Hierbas

Ingredientes:
- ¼ taza leche
- 1 taza agua tibia
- 4 cditas levadura
- 1 ½ cdita sal
- 1 Cda miel de abeja
- 2 Cdas perejil picado
- 2 Cdas albahaca fresca
- 1 Cda cebollín recién cortado opt
- 1 cdita orégano triturado seco
- ½ cdita tomillo fresco
- 4 ½ tazas **Harina de Centeno Integrain**
- 2 cditas aceite

Procedimiento:
1. Coloque el agua en un tazón, y espolvoree la levadura encima, mezclando hasta que se disuelva.
2. Mezcle la leche, la sal y la miel y añadelos a la levadura disuelta. Agregue las hierbas. Agregue 2 tazas de harina de centeno. Bate por 2 min, hasta que la masa se vea satinada. Agregue y mezcle 2 ½ tazas adicionales de harina de centeno.
3. Cubra con una toalla y deje reposar hasta que crezca al doble. (45-50 min.)
4. Revuelva la masa. La masa estará pegajosa. Enharine las manos y la masa y forme el pan. Pase a un molde para pan bien engrasado. Deje leudar, tapado por 20 min.
5. Hornee a 190 °C por 45 a 50 min. o hasta que el pan esté dorado.
6. Retire del horno y cepille la parte superior del pan con aceite. Enfríe por 10 min
7. Sirva con queso tostado, tomate y tocino (o tus toppings favoritos)

Herbed Batter Bread

Ingredients:
- ¼ cup milk
- 1 cup lukewarm water
- 4 tsp dry yeast
- 1 ½ tsp salt
- 1 Tbsp honey
- 2 Tbsp chopped parsley
- 2 Tbsp chopped fresh basil
- 1 Tbsp freshly snipped chives opt
- 1 tsp dried crushed oregano
- ½ tsp fresh thyme
- 4 ½ cup **Integrain Rye Flour**
- 2 tsp oil

Procedure:
1. Place the water In a bowl, and sprinkle the yeast on top, stirring until dissolved.
2. Mix the milk, salt and honey and add to the dissolved yeast. Stir in the herbs. Add two cups of rye flour. Beat for two min, until batter looks satiny. Blend in the additional 2 ½ cups rye flour.
3. Cover with a towel and set in a warm place, to rise until light and double. 45-50 min.
4. Stir the batter down. Batter will be sticky. Shape loaf by flouring and patting. Turn into a well-oiled loaf pan. Allow to rise in a warm place, covered for 20 min.
5. Bake at 375 °F for 45 to 50 min. or until bread is golden brown.
6. Remove from oven and brush top of bread lightly with oil. Cool for 10 min.
7. Serve with toasted cheese, tomato and bacon, (or your favorite toppings)

Stroganoff de Res

Ingredientes:
- ½ kg milanesa de res
- 1 taza cebolla en rodajas finas
- 1 diente ajo picado
- 3 Cdas aceite
- 3 Cdas **Harina de Centeno Integrain**
- 1 ½ tazas de caldo de res
- 2 Cdas puré de tomate
- 1 lata (380 gr) de champiñones
- sal y pimienta al gusto
- ¼ taza crema espesa
- 1 ½ tazas crema ácida
- pasta fettuccine cocido

Procedimiento:
1. Corte la carne de res en tiras. Fríe hasta dorar.
2. Fríe las cebollas y el ajo en el aceite. Luego agregue la harina de centeno y mezcle bien.
3. Agregue el caldo de res, el puré de tomate, los champiñones, las tiras de carne, la sal y la pimienta.
4. Lleve a ebullición y deje cocer a fuego lento por 30 min.
5. Agregue la crema espesa y la crema ácida y caliente hasta el punto de ebullición.
6. Sirva sobre pasta cocida.

Beef Stroganoff

Ingredients:
- ½ kg beef round steak
- 1 cup thinly sliced onion
- 1 clove garlic, minced
- 3 Tbsp oil
- 3 Tbsp **Integrain Rye Flour**
- 1 ½ cups beef broth
- 2 Tbsp tomato puree
- 1 can (380 g) mushrooms
- salt and pepper to taste
- ¼ cup heavy cream
- 1 ½ cups sour cream
- cooked fettuccine pasta

Procedure:
1. Cut beef in strips. Fry till browned.
2. Fry onions and garlic in oil. Then add rye flour and mix well.
3. Add beef broth, tomato puree, mushrooms, beef strips, salt and pepper.
4. Bring to a boil and let simmer for 30 min.
5. Add heavy cream and sour cream and heat to boiling point.
6. Serve over cooked pasta.

Profiteroles de Crema

Ingredientes para la masa:
- 2 Cdas maicena
- ½ taza **Harina de Centeno Integrain**
- ½ taza aceite
- 1 taza agua
- ½ cdita sal
- 4 huevos

Ingredientes para el relleno:
- ⅓ taza azúcar
- 2 Cdas maicena
- ⅛ cdita sal
- 2 tazas leche
- 2 yemas de huevo, ligeramente batidas
- 2 Cdas mantequilla, blanda
- 2 cditas vainilla

Procedimiento para los profiteroles: 1. Mezcle la maicena con la harina.
2. Combine el aceite, el agua y la sal en una cacerola y lleve a ebullición.
3. Retire la cacerola del fuego. Agregue la mezcla de harina, batiendo bien hasta incorporar. Regrese a fuego lento y bate hasta que se forme una bola.
4. Transfiera a un tazón y enfríe. Agregue huevos, uno a la vez, batiendo bien.
5. En una charola para hornear, ponga Cdas redondeadas de la masa, a 2" de distancia.
6. Hornee a 200 °C. por 30-35 min. hasta que estén dorados. Apague el horno y deje en el horno por 10 min. más. Enfríe completamente antes de rellenar.
7. Corte la parte superior. Llene con el relleno y coloque de nuevo las tapas.

Procedimiento para el relleno: Mezcle el azúcar, la maicena, la sal y la leche en una cacerola. Lleve a ebullición y revolver 1 min. Revuelva la mitad de la mezcla caliente en las yemas de huevo. Regrese a la mezcla caliente. Hervir y revolver 1 min. Retírelo del calor; agregue la mantequilla y la vainilla, enfríe.

Cream Puffs

Ingredients for puffs:
- 2 Tbsp cornstarch
- ½ cup **Integrain Rye Flour**
- ½ cup oil
- 1 cup water
- ½ tsp salt
- 4 eggs

Ingredients for filling:
- ⅓ cup sugar
- 2 Tbsp cornstarch
- ⅛ tsp salt
- 2 cups milk
- 2 egg yolks, slightly beaten
- 2 Tbsp butter, softened
- 2 tsp vanilla

Procedure for puffs: 1. Whisk cornstarch into rye flour.
2. Combine oil, water and salt in saucepan and bring to a boil.
3. Remove saucepan from heat. Add flour mixture all at once, beating well until incorporated. Return to low heat and continue to beat until mixture forms a ball.
4. Transfer to a bowl and cool. Add eggs, one at a time, beating well until smooth.
5. Drop by rounded Tbsp onto cookie sheet, 2" apart.
6. Bake at 400 °F for 30-35 min. until golden brown. Turn oven off and allow cream puffs to remain in oven for 10 min. longer. Cool completely before filling.
7. Cut off tops of cream puffs and remove soft dough. Fill with filling and replace tops.

Procedure for filling: Mix sugar, cornstarch, salt, and milk in saucepan. Bring to boil and stir 1 min. Stir half of the hot mixture into egg yolks. Return into hot mixture. Boil and stir 1 min. Remove from heat; stir in butter and vanilla, cool.

Centeno

Francia

Postre

16 pz

Muffins de Manzana y Centeno

Ingredientes para los muffins:
- ½ taza azúcar morena
- 2 huevos
- ½ taza crema ácida
- ¼ taza aceite
- 1 cdita vainilla
- 2 manzanas, peladas y ralladas
- ½ taza **Avena Rolada Integrain**
- ½ cdita sal marina
- 1 cdita polvo para hornear
- ¼ cdita bicarbonato de sodio
- 1 cdita canela
- 1¾ tazas **Harina de Centeno Integrain**

Ingredientes para el streusel:
- ¼ taza **Harina de Centeno Integrain**
- ¼ taza azúcar morena
- ½ cdita canela
- 2 Cdas mantequilla derretida

Procedimiento:
1. Mezcle el azúcar morena, los huevos, la crema ácida, el aceite, la vainilla, y las manzanas ralladas.
2. Mezcle los ingredientes secos para los muffins por separado y luego agréguelos a los ingredientes líquidos. Mezcle bien.
3. Mezcle los ingredientes para el streusel.
4. Llene un molde para muffins con capacillos. Distribuya la mezcla en los capacillos llenando hasta ¾ y espolvoree con el streusel.
5. Hornee a 220 °C por los primeros 8 min, luego baje la temperatura a 175 °C y continúe horneando hasta que al insertar un palillo en el centro, éste salga limpio, aprox 8 min más.
6. Enfríe sobre una rejilla.

Apple Rye Muffins

Muffin Ingredients:
- ½ cup packed brown sugar
- 2 eggs
- ½ cup sour cream
- ¼ cup oil
- 1 tsp vanilla
- 2 apples, peeled and shredded
- ½ cup **Rolled Integrain Oats**
- ½ tsp sea salt
- 1 tsp baking powder
- ¼ tsp baking soda
- 1 tsp cinnamon
- 1 ¾ cups **Integrain Rye Flour**

Streusel Ingredients:
- ¼ cup **Integrain Rye Flour**
- ¼ cup packed brown sugar
- ½ tsp cinnamon
- 2 Tbsp melted butter

Procedure:
1. Mix brown sugar, eggs, sour cream, oil, vanilla, and shredded apples.
2. Mix dry muffin ingredients separately, then add to liquid ingredients. Mix well.
3. Mix streusel ingredients.
4. Line muffin pan with cups. Distribute the mixture in the cups, filling up to ¾ and sprinkle with the streusel.
5. Bake at 425 °F for the first 8 min, then turn temperature down to 350 °F and continue baking until toothpick inserted in the center comes out clean, about 8 more min.
6. Cool on a wire rack.

 Centeno
 Inglaterra
 Pan
 12 pz

Waffles de Centeno con Yoghurt Griego

Ingredientes:
- ¾ taza **Harina de Centeno Integrain**
- ½ taza **Harina de Trigo Integrain**
- 1 cdita polvo para hornear
- ¼ cdita sal
- ½ cdita bicarbonato de sodio
- 2 Cdas azúcar moreno
- ¼ cdita canela
- 2 huevos (opc.)
- 3 Cdas mantequilla derretida
- ½ taza yoghurt griego
- ¾ taza leche
- 1 cdita extracto de vainilla

Procedimiento:
1. Combine los ingredientes secos.
2. Mezcle los ingredientes restantes por separado y luego agréguelos a los ingredientes secos. Mezcle hasta incorporar.
3. Cocine en la wafflera.
4. Sirva con fruta fresca o mermelada de frutas y crema batida.

Greek Yogurt Rye Waffles

Ingredients:
- ¾ cup **Integrain Rye Flour**
- ½ cup **Integrain White Wheat Flour**
- 1 tsp baking powder
- ¼ tsp salt
- ½ tsp baking soda
- 2 Tbsp brown sugar
- ¼ tsp cinnamon
- 2 eggs (opt.)
- 3 Tbsp melted butter
- ½ cup Greek yogurt
- ¾ cup milk
- 1 tsp vanilla extract

Procedure:
1. Combine dry ingredients.
2. Mix remaining ingredients separately then add to dry ingredients. Mix until combined.
3. Cook in waffle maker.
4. Serve with fresh fruit or fruit jam and whipped cream.

GALLETAS CASERAS DE ESPELTA GERMINADA

Ingredientes:
- 3 tazas **Harina de Espelta Germinada**
- 1 taza leche entera, o agua
- 1 cdita sal de mar y más para espolvorear
- 1-½ cdita levadura
- 4 Cdas aceite de coco derretido

Procedimiento:
1. Precaliente el horno a 220 °C.
2. Mezcle todos los ingredientes y amase hasta incorporar.
3. Deje reposar la masa, tapada, por 20 min.
4. Divida la masa en 4 porciones iguales.
5. En una charola para hornear forrada con papel pergamino, extienda 1 porción de masa hasta que tenga un grosor de ⅛".
6. Corte en cuadritos con un cortador para pizza. Espolvoree con sal de mar.
7. Hornee por 8 a 12 min, volteando la charola para que las galletas se doren uniformemente.
8. Espere hasta que la charola se haya enfriado por completo y luego repita con la masa restante.

SPROUTED SPELT HOMEMADE CRACKERS

Ingredients:
- 3 cups **Integrain Sprouted Spelt Flour**
- 1 cup whole milk or water
- 1 tsp sea salt + more for sprinkling
- 1-½ tsp baking powder
- 4 Tbsp coconut oil melted

Procedure:
1. Preheat oven to 425 °F.
2. Mix all ingredients and knead until combined.
3. Allow dough to rest, covered, for 20 min.
4. Divide dough into 4 equal portions.
5. On a parchment-paper lined cookie sheet, roll out 1 portion of dough to ⅛" thick.
6. Cut into squares with pizza cutter. Sprinkle with sea salt
7. Bake for 8 to 12 min, turning the cookie sheet so crackers brown evenly.
8. Wait until cookie sheet has fully cooled and repeat with the remaining dough.

Bocaditos de Pretzel de Espelta

Ingredientes:
- 1 ½ tazas agua tibia
- 1 ¼ cdita levadura
- 1 Cda azúcar morena
- 2 cditas sal de mar
- 3 tazas **Harina de Espelta Germinada Integrain**
- 1 ½ tazas **Harina de Trigo Integrain**
- 2 Cdas aceite de oliva + extra para rociar
- 10 tazas agua para hervir
- ½ taza bicarbonato de sodio

Procedimiento:
1. En un tazón grande, agregue el agua tibia, el azúcar morena y la sal. Mezcle bien para combinar. Espolvoree la levadura encima y deje reposar por 5 min. para que la levadura comience a activarse.
2. Mezcle la harina, el aceite de oliva, y la mezcla con levadura y revuelva hasta que comience a formarse una masa espesa. Amase con las manos por 5 mín. Tape y deje reposar 1 hora hasta que la masa duplique su tamaño.
3. Haga bolitas y hiérvelas por 1 min. en agua con bicarbonato de sodio.
4. Hornee a 230 °C. por 17 min. hasta que los pretzels se hayan dorado. Cepille con aceite de oliva y espolvoree con sal de mar. Sirva con tu salsa favorita.

Whole Spelt Pretzel Bites

Ingredients:
- 1½ cups warm water
- 1 ¼ tsp yeast
- 1 Tbsp brown sugar
- 2 tsp salt, extra for sprinkling
- 3 cups **Integrain Sprouted Spelt Flour**
- 1 ½ cups **Integrain Wheat Flour**
- 2 Tbsp olive oil plus extra for drizzling
- 10 cups water for boiling
- ½ cup baking soda

Procedure:
1. In a large bowl, add the warm water, brown sugar, and salt. Mix well to combine. Sprinkle the yeast on top, and let sit for 5 min. for the yeast to start activating.
2. Mix flour, olive oil, and the yeast mixture, and stir until a thick dough begins to form. Knead with hands for 5 min. Cover and allow to rest 1 hour until the dough doubles in size.
3. Form balls and boil for 1 min. in water with baking soda.
4. Bake at 450 °F. for 17 min. until the pretzels have browned. Brush with olive oil and sprinkle with sea salt. Serve with your favorite dip.

Bagels de Espelta Germinada

Ingredientes:
- ¾ tazas agua tibia 47 °C
- 2 Cdas miel de abeja
- 1 Cda levadura seca
- ½ Cda sal
- 2 ½ tza **Harina de Espelta Germinada**
- 8 tazas agua para hervir
- 1 clara de huevo ligeramente batido
- ½ Cda agua

Procedimiento:
1. Combine 1 taza de agua, la levadura y la miel. Deje reposar por 10 min.
2. Combine la harina y la sal. Luego agregue la mezcla de levadura y amasar. Agregue harina adicional para evitar que se pegue. La masa debe ser bastante suave y firme.
3. Coloque la masa en un recipiente engrasado, cubra y deje crecer hasta duplicar.
4. Divida y forme 8 bolas. Dejar reposar por 5 min.
5. Ponga a hervir 2 litros de agua.
6. Haga un agujero en cada bola de masa dándole forma de bagel. Coloca la masa con la forma sobre una charola para hornear galletas y cubra por 10 min.
7. Precaliente el horno a 200 °C. Coloque 2 o 3 bagels a la vez en el agua hirviendo por alrededor de 1-2 min, volteando cada uno una vez. Escurra los bagels cocidos sobre una rejilla.
8. Mezcle la clara de huevo y el agua; cepille las tapas con la mezcla y cubra con semillas de su elección. Coloque los panecillos en charolas para hornear engrasadas. Hornee a 175 °C por 35 min, volteando una vez a la mitad de la cocción.

Sprouted Spelt Bagels

Ingredients:
- ¾ cups warm water 115 degrees °F
- 2 tbs honey
- 1 tbs dry yeast
- ½ tbs salt
- 2 ½ cups **Integrain Sprouted Spelt Flour**
- 8 cups of water for boiling
- 1 egg lightly beaten
- ½ Tbsp water

Procedure:
1. Combine 1 cup water, yeast, and honey. Let rest 10 min.
2. Combine flour and salt. Then add yeast mixture and knead. Add additional flour if needed to prevent it from sticking. Dough should be fairly smooth and firm.
3. Place dough in a greased bowl, cover, and let rise until doubled.
4. Divide and shape into 8 balls. Allow to rest for 5 min.
5. Bring 2 quarts of water to boil.
6. Make a hole in each ball of dough making a bagel shape. Place the shaped dough onto a cookie sheet and cover for 10 min.
7. Preheat oven to 400 °F degrees. Drop 2 or 3 bagels at a time into the boiling water for about 1-2 min, turning each once. Drain cooked bagels on a wire rack.
8. Mix egg white and water; brush tops with mixture and top with your choice of seeds. Place bagels on greased baking sheets. Bake at 350 °F for 35 min, turning once half-way through baking.

Rollos de Canela de Espelta Germinada

Ingredientes para la masa:
- 3 ½ tazas **Harina de Espelta Germinada**
- 1 cdita sal marina
- 2 ¼ cditas levadura instantánea
- 1 taza leche entera calentada a 46 °C
- ½ taza azúcar
- ½ taza mantequilla y más para sartén
- 2 huevos grandes
- aceite para trabajar la masa

Ingredientes para el relleno:
- ½ taza azúcar morena
- 2 ½ cditas canela molida
- ¼ taza mantequilla derretida

Procedimiento:
1. Mezcle 2 tazas de harina, la sal y la levadura. En una cacerola, caliente la leche a 46 °C
2. Agregue la leche, la miel, la mantequilla, y el huevo a la mezcla de harina y bate. Deje reposar por 10 min.
3. Agregue suficiente harina hasta que la masa comience a mantener su forma.
4. Vierta 2 Cdas de aceite en la mesa de trabajo. Doble la masa sobre sí misma 4 veces. Deje reposar por 5 min.
5. Repita el proceso del 4to paso 3 veces más. En una superficie aceitada, extienda la masa hasta que tenga ½ pulgada de grosor.
6. Mezcle el azúcar y la canela. Cepille la mantequilla sobre la masa extendida. Espolvoree con el azúcar y la canela. Enrolle la masa formando un rollo apretado.
7. Unte con mantequilla una bandeja para hornear. Con un cuchillo afilado, corte el rollo en 15 rebanadas de 1", colocándolas en la bandeja a ¼ de pulgada de distancia. Cubra y deje crecer por 1 a 1 ½ horas, hasta que doble su tamaño.
12. Hornee a 175 °C de 25 a 30 min. (Opcional) Rocíe con el glaseado de (página 38)

Sprouted Spelt Cinnamon Rolls

For the dough:
- 3 ½ cups **Integrain Sprouted Spelt Flour**
- 1 tsp sea salt
- 2 ¼ tsp instant yeast
- 1 cup whole milk heated to 115 °F
- ½ cup sugar
- ½ cup butter plus more for the pan
- 2 large egg
- oil for managing dough

For the filling:
- ½ cup brown sugar
- 2 ½ tsp ground cinnamon
- ¼ cup butter melted

Procedure:
1. Mix 2 cups of the flour, salt, and yeast. In a small saucepan, heat milk to 115 °F
2. Add milk, honey, butter, and egg to the flour mixture and beat. Let rest for 10 min.
3. Stir in enough flour until the dough begins to hold its shape
4. Spread 2 Tbsp of oil on counter, fold the dough over onto itself 4 times. rest 5 min.
5. Repeat process in 4th step 3 more times. On oiled surface roll the dough to ½-" thick.
6. Mix sugar and cinnamon. Brush butter evenly over the rolled out dough. Sprinkle evenly with the sugar and cinnamon. Roll the dough into a tight log.
7. Butter a baking pan. Using a sharp knife, cut the roll into 15 1" slices, placing ¼-inch apart. Cover. Allow to rise for 1 to 1 ½ hours, until doubled in size.
8. Bake at 350 °F for 25 to 30 min. (Optional) Drizzle with icing (page 38)

Pan de Caja de Espelta Germinada

Ingredientes:
- 4 tazas **Harina de Espelta Germinada Integrain**
- 1 taza **Harina de Centeno Integrain**
- 1 ½ taza **Harina de Trigo Integrain**
- 2 tazas agua tibia
- ⅓ taza azúcar mascabado
- 2 cditas levadura
- ⅔ taza aceite de oliva
- 1 Cda de sal
- Puede añadir nuez picada, arándano, semillas, o hierbas al gusto

Procedimiento:
1. Mezcle todos los ingredientes, amase y forme la masa.
2. Colóquelo en un molde para pan engrasado de 12 x 4.5 x 3.125 pulgadas. Deje reposar por 2 horas o hasta doble en tamaño.
3. Hornee a 175 °C por 45 min.

Sprouted Spelt Bread

Ingredients:
- 4 cups **Integrain Sprouted Spelt Flour**
- 1 cup **Integrain Rye Flour**
- 1 ½ cup **Integrain Wheat Flour**
- 2 cups of warm water
- ⅓ cup of brown sugar
- 2 tsp yeast
- ⅔ cup olive oil
- 1 Tbsp of salt
- You can add chopped walnuts, cranberries, seeds, and herbs to taste

Procedure:
1. Mix all ingredients, knead, and form dough.
2. Put in greases loaf pan 12 x 4.5 x 3.125 inches. Let rise for 2 hours, or until double in size.
3. Bake at 350 °F for 45 min.

Focaccia de Espelta

Ingredientes para la masa:
- 400 gr **Harina de Espelta Integrain**
- 7 gr levadura
- 1 cdita de sal
- 2 Cda aceite de oliva virgen extra
- 270 gr agua tibia (igual que ml.)

Ingredientes para cubrir:
- 2 ramitas de romero fresco
- 2 Cdas aceite de oliva virgen extra
- 6 - 8 tomates en rodajas
- una pizca de sal marina

Procedimiento:
1. Mezcle la harina con la levadura y la sal en un tazón grande.
2. Agregue el agua y mezcle hasta que esté completamente incorporado y luego agregue las 2 Cdas de aceite de oliva y amase bien.
3. Amase por 1 a 2 min, pero no amasar demasiado. La masa debe quedar pegajosa.
4. Coloque la masa en un tazón engrasado, cubra, y deje leudar por aprox. 1 hora.
5. Saque la masa del tazón y ponga en una charola para hornear engrasada y presione la masa hacia abajo con las yemas de los dedos, hasta que suelte todo el aire. Extienda la masa hasta que cubra toda la charola.
6. Rocíe las otras 2 Cdas de aceite por encima, junto con la sal y hojas de romero.
7. Introduzca las rodajas de tomate encima de la masa. Deje que la masa suba de nuevo. Hornee a 228 °C por 15-20 min. Sirva caliente con su salsa favorita.

Spelt Focaccia

Dough Ingredients:
- 400 g **Integrain Spelt Flour**
- 7 g dried yeast
- 1 tsp salt
- 2 Tbsp olive oil extra virgin
- 270 g warm water (same as ml)

Topping Ingredients:
- 2 sprigs of rosemary fresh
- 2 Tbsp olive oil extra virgin
- 6-8 tomatoes sliced
- pinch sea salt

Procedure:
1. Mix the flour with the yeast and salt in a large mixing bowl
2. Mix in the water until fully incorporated and then add 2 Tbsp of olive oil and knead.
3. Knead for 1 to 2 min, but don't over-knead. The dough should be sticky.
4. Place the dough into a well-greased bowl, cover, and let rise for around 1 hour.
5. Scrape the dough out of the bowl onto an oiled baking tray and push down on the dough using your fingertips, until all the air has been released. Roll out the dough to fill the whole tray.
6. Sprinkle the other 2 Tbsp of oil, salt, and rosemary leaves on top.
7. Push the tomato halves into the dough Let the dough rise again. Bake at 428 °F for 15-20 min. Serve warm with your favorite dips or pasta dish

Blini de Espelta con Tocino y Créme Fraîche

Ingredientes:
- ⅔ taza **Harina de Espelta Integrain**
- 1 cdita polvo para hornear
- 1 huevo
- ¾ taza suero de leche
- 20 gr mantequilla, derretida
- pizca de sal marina
- 1 taza créme fraîche (crema ácida)
- 1 cdita ralladura y 2 cditas jugo de limón
- 300 gr tocino cocido
- 8 tomates cherry partidos a la mitad
- romero fresco

Procedimiento:
1. Tamice la harina y el polvo para hornear en un tazón mediano, luego haga un pozo en el centro.
2. Bate el huevo, el suero de leche, la mantequilla y la sal en una jarra. Vierta sobre los ingredientes secos, revolviendo hasta incorporar. Deje reposar por 5 min.
3. Cubra un sartén con aceite. Caliente el sartén a fuego medio. Cocine los blinis sobre el sartén usando 2 cditas de la mezcla para cada blini. Cuece por 1 min de cada lado o hasta que queden dorados. Transfiera a una rejilla para enfriar.
4. Combine el créme fraîche, la ralladura y el jugo de limón en un tazón mediano. Sazone al gusto. Cubra cada blini con la mezcla de créme fraîche, el tocino, los tomates, y el romero. Sazone con sal y pimienta negra al gusto.

Spelt Blini with Bacon and Créme Fraîche

Ingredients:
- ⅔ cup plain **Integrain Spelt Flour**
- 1 tsp baking powder
- 1 egg
- ¾ cup buttermilk
- 20 gr butter, melted
- pinch of sea salt
- 1 cup créme fraîche (sour cream)
- 1 tsp finely grated lemon zest+2 tsp juice
- 300 gr cooked bacon
- 8 cherry tomatoes in halves
- fresh rosemary

Procedure:
1. Sift flour and baking powder into a medium bowl, then make a well in the center.
2. Whisk egg, buttermilk, butter and salt in a jar. Pour into dry ingredients, stirring until just combined. Let stand for 5 min.
3. Coat a frying pan with cooking oil. Heat pan over medium heat. Spoon 2 tsp of the mixture onto pan for each blini. Cook blini for 1 min each side or until browned. Transfer to a wire rack to cool.
4. Combine créme fraîche, zest, and juice in a medium bowl. Season to taste. Top each blini with créme fraîche mixture, bacon, tomatoes and rosemary.
Season with salt and black pepper.

Espelta | Rusia | Entrada | 8 pz

Raviolis de Espelta

Ingredientes para la pasta:
- 1 ¾ tazas **Harina de Espelta Integrain**
- ½ cdita sal de mar
- 2 huevos
- 1 Cda aceite

Ingredientes para el relleno:
- ½ taza espinacas picadas
- 1 taza pollo cocido, desmenuzado
- 4 Cdas queso rallado
- ⅛ cdita nuez moscada
- ⅛ cdita ajo en polvo
- ⅛ cdita cebolla en polvo
- 2 Cdas queso crema ablandado
- Sal al gusto

Procedimiento:
1. Tamize la harina y la sal juntas. En un recipiente aparte, bate los huevos y el aceite.
2. Haga un pozo en el centro de la harina, y vierta la mezcla de huevo en el centro. Revuelva y amase hasta formar una bola. Cubra con plástico y refrigere por 20 min.
4. En un tazón, mezcle todos los ingredientes para el relleno. Refrigere.
5. Sobre una superficie ligeramente enharinada, estire la masa hasta formar un rectángulo delgado, o puede usar una máquina para hacer pasta.
6. Recorte círculos con un cortador de galletas. Coloque aprox. 1 cdita del relleno en el centro de la mitad de los círculos, y cepille los bordes ligeramente con agua.
7. Coloque los círculos sin relleno sobre los que tienen relleno y presione las orillas para sellar.
8. Cuece los raviolis en agua hirviendo con sal por 5-7 min.
9. Retire los raviolis cocidos y escúrralos. Sirva con salsa de su elección.

Spelt Ravioli

Pasta Ingredients:
- 1 ¾ cups **Integrain Spelt Flour**
- ½ tsp salt
- 2 eggs
- 1 Tbsp oil

Filling Ingredients:
- ½ cup spinach, chopped
- 1 cup cooked, shredded chicken
- 4 Tbsp grated cheese
- ⅛ tsp nutmeg
- ⅛ tsp garlic powder
- ⅛ tsp onion powder
- 2 Tbsp softened cream cheese
- Salt to taste

Procedure:
1. Sift flour and salt together. In a separate bowl, whisk the eggs and olive oil together.
2. Make a well in the center of the flour and pour the egg mixture in the middle. Stir together, then gently knead into a ball. Cover with wrap and refrigerate for 20 min.
4. In a mixing bowl, stir together all filling ingredients. Refrigerate.
5. On a lightly floured surface, roll out the dough into a thin, rectangular shape, or use a pasta roller.
6. Cut out circles with a round cookie cutter. Place about 1 tsp of filling in the center of half of the circles, and brush the edges lightly with water.
7. Place the circles without filling on the ones with filling, and press edges to seal.
8. Cook ravioli in salted boiling water for 5-7 min.
9. Remove cooked ravioli and drain. Serve with your sauce of choice.

DONAS DE ESPELTA

Ingredientes:
- ¾ taza **Harina de Espelta Integrain**
- ¼ taza azúcar
- ½ cdita polvo para hornear
- ½ cdita canela molida
- ¼ cdita sal
- ¼ taza y 2 Cda de leche
- 1 huevo
- 1 Cda mantequilla derretida
- mantequilla derretida para engrasar
- ¼ cdita extracto de vainilla

Instrucciones:
1. Engrase un molde para 6 donas con mantequilla derretida.
2. Mezcle la harina de espelta, el azúcar, el polvo para hornear, la canela y la sal.
3. En otro tazón, bate la leche, el huevo, la Cda de mantequilla, y el extracto de vainilla.
4. Vierta los ingredientes líquidos en los ingredientes secos y bate hasta incorporar.
5. Distribuya uniformemente la masa en el molde para donas engrasado.
6. Hornee a 190 °C por 7 - 9 min. o hasta que un palillo insertado en la dona salga limpio. Deje enfriar por 5 min antes de desmoldar.
7. Opc: En un tazón, mezcle ¼ taza de azúcar y ½ cdita de canela. Sumerja la dona caliente y cubra por ambos lados en la mezcla.

SPELT DONUTS

Ingredients:
- ¾ cup of **Integrain Spelt Flour**
- ¼ cup of sugar
- ½ tsp baking powder
- ½ tsp ground cinnamon
- ¼ tsp of salt
- ¼ cup and 2 Tbsp of milk
- 1 egg
- 1 Tbsp melted butter
- extra melted butter for greasing
- ¼ tsp Vanilla extract

Instructions:
1. Brush a 6-donut pan with melted butter.
2. Mix spelt flour, sugar, baking powder, cinnamon and salt.
3. In another bowl beat milk, egg, 1 Tbsp of butter, and vanilla extract.
4. Pour the liquid ingredients into the dry ingredients and beat until combined.
5. Evenly distribute the dough in the greased donut pan.
6. Bake at 375 °F for 7 - 9 min., or until inserted toothpick comes out clean.
7. Opt: In a bowl, combine ¼ cup sugar and ½ tsp cinnamon. Coat both sides of the donut in the mixture.

Pan de Espelta

Ingredientes:
- 2 ½ tazas agua
- 1 huevo
- ⅓ taza aceite
- ¾ Cda sal
- 1 Cda azúcar, miel, o melaza
- 1 ½ Cda levadura
- 4 tazas **Harina de Espelta Integrain**

Procedimiento:
1. En un tazón, mezcle el agua, el huevo, el aceite, la sal, el azúcar y la levadura.
2. Luego, agregue la harina poco a poco, y amase. Siga añadiendo harina hasta que la masa no esté pegajosa.
3. Deje crecer hasta que se duplique su tamaño.
4. Amase por 10 min., divida en 2, y dele forma a cada porción.
5. Ponga las masas formadas en 2 moldes para pan de caja engrasados. Deje que se levanten de nuevo hasta la altura deseada.
6. Hornee a 175 °C por 45 min.

Spelt Bread

Ingredients:
- 2 ½ cups of water
- 1 egg
- ⅓ cup oil
- ¾ Tbsp salt
- 1 Tbsp sugar, honey or molasses
- 1 ½ Tbsp yeast
- 4 cups **Integrain Spelt Flour**

Procedure:
1. In a bowl, mix water, egg, oil, salt, sugar, and yeast.
2. Then add flour a little at a time and knead. Keep adding flour until dough is no longer sticky.
3. Let rise till doubled in size.
4. Knead 10 min., divide in 2, and form each dough.
5. Put formed doughs into 2 greased bread pans. Let dough rise again to desired height.
6. Bake at 350 °F for 45 min.

Waffles de Espelta

Ingredientes para mezcla de harinas:
- 1 taza **Harina de Trigo Rojo Integrain**
- 1 taza **Harina de Trigo Blanco Integrain**
- 2 tazas **Harina de Centeno Integrain**
- 3 Cdas canela molida
- 5 cditas bicarbonato de sodio
- 2 tazas **Harina de Espelta Integrain**
- 2 tazas **Harina de Avena Integrain**
- 2 tazas **Harina de Amaranto Integrain**
- 4 cditas polvo para hornear
- 1 Cda de especia de calabaza (opc.)

Ingredientes para hacer los waffles:
- 4 tazas leche
- 1 cdita vinagre de cidra de manzana
- 6 huevos grandes
- 220 gr. mantequilla a temp. ambiente
- 4 tazas de masa madre (opc.)
- 4 tazas de la **mezcla de harinas**

Procedimiento:
1. Mezcle bien todos los ingredientes para la mezcla de harinas.
2. En un recipiente, vierta 2 tazas de leche y añade el vinagre de cidra de manzana. Deje reposar por 10 min o más.
3. En un tazón, bate los huevos. Agregue la mantequilla y siga batiendo. Agregue poco a poco las 2 tazas de leche restantes y la masa madre (opc.)
4. Agregue 4 tazas de la mezcla de harinas y la leche con vinagre. Bate bien.
5. Cocine en una wafflera caliente y engrasada hasta que estén dorados y esponjados.
6. Sirva al gusto con nuez, arándanos, chispas de chocolate, moras azules, fresas, o plátanos rebanados, y rocíe con miel de maple.

Spelt Waffles

Ingredients for flour mixture:
- 1 cup **Integrain Red Wheat Flour**
- 1 cup **Integrain White Wheat Flour**
- 2 cup **Integrain Rye Flour**
- 3 Tbsp ground cinnamon
- 5 tsp baking soda
- 2 cup **Integrain Spelt Flour**
- 2 cup **Integrain Oat Flour**
- 2 cup **Integrain Amaranth Flour**
- 4 tsp baking powder
- 1 Tbsp pumpkin spice (opt.)

Ingredients to make waffles:
- 4 cups milk
- 1 tsp apple cider vinegar
- 6 large eggs
- 220 g. softened butter
- 4 cups sourdough
- 4 cups flour mixture

Procedure:
1. Mix all ingredients for flour mixture well.
2. Pour 2 cups of milk in a container and add apple cider vinegar. Let stand for 10 min or more.
3. In a bowl, beat the eggs. Add butter and continue beating. Gradually add the remaining 2 cups of milk and the sourdough (opt).
4. Add 4 cups of the flour mixture and the milk with vinegar. Mix well.
5. Cook in a hot and greased waffle maker until golden and fluffy.
6. Serve as desired with pecans, cranberries, chocolate chips, blueberries, strawberries or sliced bananas and top with maple syrup.

Hummus

Ingredientes:
- 1 taza **Harina de Garbanzo Integrain**
- jugo de 2 dientes de ajo prensados
- jugo de 1 limón grande
- ⅓ taza de agua (o hasta que tenga la consistencia deseada)
- sal de mar al gusto
- pimienta negra al gusto
- 1 Cda aceite de oliva

Procedimiento:
1. Bate bien todos los ingredientes con un batidor.
2. (Opc.) Rocíe con más aceite de oliva al gusto
3. Espolvoree con paprika, chile en polvo o comino
4. Decore con perejil o cilantro
5. Sirva con pan de pita o totopos.

Hummus

Ingredients:
- 1 cup **Integrain Chickpea Flour**
- juice of 2 garlic toes, pressed
- juice of 1 large lime
- ⅓ cup water (or until you have the desired consistency)
- sea salt to taste
- black pepper to taste
- 1 Tbsp olive oil

Procedure:
1. Mix all ingredients well with an eggbeater
2. (Opt.) Sprinkle with more olive oil to taste
3. Sprinkle with paprika, chile powder, or cumin
4. Decorate with parsley or cilantro
5. Serve with pita bread or tortilla chips.

Frituras de Calabacita con Salsa de Tomate

Ingredientes para las frituras:
- 4 calabacitas cortados en gajos
- ½ taza **Harina de Garbanzo Integrain**
- ¼ cdita pimienta
- ½ cdita albahaca seca
- ½ cdita orégano seco
- 2 Cdas perejil fresco
- ½ cdita tomillo seco
- ½ cdita ajo en polvo
- ½ cdita cebolla en polvo
- ½ taza queso parmesano
- ½ cdita sazonador italiano
- ½ cdita sal de mar
- 1 cdita paprika
- 2 huevos
- ¼ taza leche
- 1 taza pan molido (página 152)
- aceite de oliva para engrasar

Ingredientes para la salsa de tomate:
- ¼ de taza aceite de oliva
- 3 tomates (picados)
- 3 dientes de ajo (picados)
- chile seco
- 1 cdita sal
- 1 ramita albahaca fresca
- ¼ cdita orégano seco
- pimienta al gusto

Procedimiento para las frituras:
1. Precaliente el horno a 220 °C. Mezcle la harina y las especias en un tazón, la leche y los huevos en otro, y ponga el pan molido en otro.
2. Sumerja las calabacitas en la harina, luego en la leche con huevo, y luego en el pan.
3. Colóquelas en una charola para hornear engrasada. Hornee por 20 min.

Procedimiento para la salsa: Cuece los tomates y el ajo en el aceite de oliva hasta que estén tiernos. Vierta en una licuadora con los demás ingredientes y liquar.

Zucchini Fries with Tomato Dip

Ingredients for Zucchini fries:
- 4 zucchinis cut in wedges
- ½ cup **Integrain Chickpea Flour**
- ¼ tsp pepper
- ½ tsp dried basil
- ½ tsp dried oregano
- 2 Tbsp fresh parsley
- ½ tsp dried thyme
- ½ tsp garlic powder
- ½ tsp onion salt
- ½ cup Parmesan cheese
- ½ tsp Italian seasoning
- ½ tsp sea salt
- 1 tsp paprika
- 2 eggs
- ¼ cup milk
- 1 cup bread crumbs (page 152)
- olive oil for greasing

Ingredients for tomato dip:
- ¼ cup olive oil
- 3 tomatoes (chopped)
- 3 garlic cloves (chopped)
- dried chili
- 1 tsp salt
- 1 large fresh sprig of basil
- ¼ tsp dried oregano
- pepper to taste

Procedure for fries: 1. Preheat oven to 425 °F. Mix flour and spices in one bowl, milk and eggs in another, and put breadcrumbs in a third.
2. Dip each zucchini wedge in the flour, then the milk, then the breadcrumbs.
3. Place on a greased cookie sheet. Bake for 20 min, or until crisp.

Procedure for dip: Cook tomatoes and garlic in the olive oil until tender. Put in a blender with remaining ingredients and blend until smooth

Garbanzo

Belgia

Entrada

16 pz

Chiles Poblanos Rellenos

Ingredientes:
- 4 chiles poblanos asados y pelados
- 300g queso
- 3 tomates grandes
- ½ diente de ajo picado
- ¼ cebolla pelada, picada
- 2 -3 tazas aceite vegetal
- ¼ taza **Harina de Arroz Integrain**
- ¼ taza **Harina de Garbanzo Integrain**
- ½ taza maicena
- ½ cdta sal
- ¾ taza agua mineral

Procedimiento para los chiles rellenos:
1. Haga un corte vertical en el chile poblano. Rellene con queso y cierre el chile.
2. Combine la harina de arroz, la harina de garbanzo, la maicena y la sal en un tazón. Añade el agua mineral y bate.
3. Caliente 3 tazas de aceite en un sartén a 180 °C. Sumerja cada chile en la masa, luego fríe en el aceite hasta que esté dorado, unos 5 min. en cada lado. Retire y coloque en un plato con una toalla de papel.
4. Sirva con la salsa de tomate

Procedimiento para la salsa: Fríe los tomates, el ajo y la cebolla y luego licúe bien. Cocine a fuego lento por 7 - 10 min. Sazone con sal y pimienta al gusto.

Filled Poblano Peppers

Ingredients:
- 4 poblano peppers roasted and peeled
- 300 gr. cheese
- 3 large tomatoes
- ½ clove garlic chopped
- ¼ onion peeled, chopped
- 2 -3 cups vegetable oil
- ¼ cup **Integrain Rice Flour**
- ¼ cup **Integrain Chickpea Flour**
- ½ cup cornstarch
- ½ tsp. salt
- ¾ cup soda water

Procedure for filled peppers:
1. Make a vertical cut in the poblano. Fill with cheese and close the chili.
2. Combine the rice flour, chickpea flour, cornstarch, and salt in a bowl. Pour in soda water and whisk.
3. Heat 3 cups of oil in a pan to 360 °F. Dip each chili into the batter, then fry in oil until golden, about 5 min. on each side. Remove and place on a plate with paper towel.
4. Serve with the tomato sauce

Procedure for sauce: Fry the tomatoes, garlic, and onion and then blend until smooth. Simmer for 7 – 10 min. Season with salt and pepper to taste.

Muffins de Harina de Garbanzo

Ingredientes para mezcla de harina:
- 300 gr **Harina de Garbanzo Integrain**
- 100 gr **Harina de Arroz Integrain**
- 400 gr azúcar moscabado
- 5 gr sal de mar
- 30 gr polvo para hornear
- 4 gr canela molida

Ingredientes para muffins:
- 2 huevos
- 1 taza leche
- 1 cdita vainilla
- ¼ taza mantequilla derretida
- 2 ½ taza mezcla de harina
- ½ taza chispas de chocolate
- ½ taza nuez picada

Procedimiento:
1. Mezcle bien todos los ingredientes para la mezcla de harina. Guarde en una bolsa resellable.
2. En otro tazón, bate los huevos, la leche, la vainilla, y la mantequilla. Agregue 2 ½ tazas de la mezcla de harinas, las chispas de chocolate y la nuez. Mezcle bien todo.
3. Llene un molde para muffins con capacillos. Distribuya la mezcla en los capacillos llenando hasta ¾.
4. Hornee a 190 °C por 20 -25 min.

Chickpea Flour Muffins

Flour mix Ingredients:
- 300 g **Integrain Chickpea Flour**
- 100 g **Integrain Rice Flour**
- 400 g brown sugar
- 5 g sea salt
- 30 g baking powder
- 4 g ground cinnamon

Muffin Ingredients:
- 2 eggs
- 1 cup of milk
- 1 tsp vanilla
- ¼ cup melted butter
- 2 ½ cup flour mix
- ½ cup chocolate chips
- ½ cup chopped walnut

Procedure:
1. Mix all flour mix ingredients well. Store in a resealable bag.
2. In another bowl, beat the eggs, milk, vanilla, and butter. Add 2 ½ cups of the flour mixture, the chocolate chips and the nuts. Mix everything well.
3. Line muffin pan with cups. Distribute the mixture in the cups, filling up to ¾.
4. Bake at 375 °F for 20 -25 min.

Pan de Zuchini

Ingredientes:
- 3 Cdas linaza recién molida
- ½ taza agua tibia
- 2 tazas **Harina de Garbanzo Integrain**
- ½ cdita nuez moscada
- 2 cditas canela molida
- ¼ cdita bicarbonato
- ½ cdita polvo para hornear
- ⅓ taza azúcar moscabado
- ¼ cdita sal de mar
- 1 ½ tazas zucchini rallado
- 1 plátano maduro molido
- 5 gr vainilla
- ⅓ taza aceite de oliva
- ⅓ taza pasitas o nuez picada

Procedimiento:
1. Precaliente el horno a 175 °C.
2. En un tazón, mezcle la harina, las especias, la sal, el polvo para hornear, y el bicarbonato.
3. En otro tazón, bate la linaza y el agua tibia hasta formar una pasta. Deje reposar 10 min. hasta que se forme un gel.
4. Agregue la vainilla, el aceite, el plátano, y el azúcar moscabado.
5. Agregue el zucchini rallado y mezcle. Agregue las pasitas o la nuez y mezcle.
6. Vierta los ingredientes secos a los líquidos y mezcle. Vacíe la masa en un molde para pan engrasado. Espolvoree con nuez pecanera picada (opc.).
7. Hornee hasta que un palillo insertado salga limpio, aprox. 30 min. Saque y deje enfriar.

Zucchini Bread

Ingredients:
- 3 Tbsp freshly ground flaxseed
- ½ cup warm water
- 2 cups **Chickpea Integrain Flour**
- ½ tsp nutmeg
- 2 tsp cinnamon powder
- ¼ tsp baking soda
- ½ tsp baking powder
- ⅓ cup brown sugar
- ¼ tsp sea salt
- 1 ½ cups grated zucchini
- 1 mashed ripe banana
- 5 gr vanilla
- ⅓ cup olive oil
- ⅓ cup raisins or chopped walnuts

Procedure:
1. Preheat oven to 350 °F.
2. In a bowl mix flour, spices, salt, baking powder and baking soda.
3. In another bowl, whisk flaxseed and warm water to form a paste. Let rest 10 min until a gel forms.
4. Add vanilla, oil, banana, and brown sugar.
5. Add the grated zucchini and mix. Add raisins and mix.
6. Pour the dry ingredients into the liquid ingredients and mix. Pour the batter into greased bread pan. Sprinkle with chopped pecan (opt.).
7. Bake until an inserted toothpick comes out clean, approx 30 mins. Take out and let cool.

Hot Cakes de Garbanzo

Ingredientes:
- 600 gr **Harina de Garabanzo Integrain**
- 200 gr Harina de Arroz Integrain
- 120 gr azúcar mascabado
- 8 gr sal de mar
- 30 gr polvo para hornear
- 10 gr bicarbonato
- 5 gr canela molida
- 2 eggs
- 1 taza leche
- 1 cdita vainilla

Procedimiento:
1. Mezcle bien todos los ingredientes secos. Guarde la mezcla en una bolsa resellable.
2. En otro tazón, mezcle los ingredientes líquidos. Agregue 1 ½ taza de la mezcla de ingredientes secos o agregue gradualmente hasta alcanzar la consistencia deseada.
3. Caliente un sartén engrasado y vierta un poco de la masa sobre el sartén. Cocine los hot cakes de ambos lados hasta que estén dorados.
4. Sirva con los toppings deseados.

Chickpea Pancakes

Ingredients:
- 600 g **Integrain Chickpea Flour**
- 200 g Integrain Rice Flour
- 120 g brown sugar
- 8 g sea salt
- 30 g baking powder
- 10 g baking soda
- 5 g ground cinnamon
- 2 eggs
- 1 cup milk
- 1 tsp vanilla

Procedure:
1. Mix all dry ingredients well. Store mixture in a resealable bag.
2. In another bowl, mix the liquid ingredients. Add 1 ½ cups of the dry ingredient mixture or add gradually until batter has desired consistency.
3. Heat a greased pan and pour a little batter onto the hot pan. Cook pancakes on both sides until golden.
4. Serve with desired toppings.

6 pz

Empanadas de Pizza

Ingredientes para la masa:
- 4 tazas **Harina de Khorasan Integrain**
- ½ taza aceite de oliva
- 1 cdita sal marina
- 2 tazas leche tibia
- ½ cdita bicarbonato de sodio

Ingredientes para el relleno:
- salsa para pizza de su elección
- ingredientes para pizza de su elección

Procedimiento:
1. Mezcle todos los ingredientes para la masa y amase hasta incorporar y formar una masa suave.
2. Extienda la masa y recorte en círculos.
3. Rellene con su elección de salsa e ingredientes para pizza.
4. Cubra con otro círculo de masa recortado y selle las orillas.
5. Hornee a 175 °C por 20 min o hasta que esté cocido.
6. Sirva con su elección de salsa para pizza.

Pizza Pops

Ingredients for dough:
- 4 cup **Integrain Khorasan Flour**
- ½ cup olive oil
- 1 tsp sea salt
- 2 cup warm milk
- ½ tsp baking soda

Ingredients for filling:
- your choice of pizza sauce
- your choice of pizza toppings

Procedure:
1. Mix all dough ingredients and knead until combined and smooth dough forms.
2. Roll out dough and cut into circles.
3. Fill with your choice of pizza sauce and toppings.
4. Cover with another cut out dough circle and seal edges.
5. Bake at 350 °F for 20 min or until done.
6. Serve with your choice of pizza sauce or salsa.

Molinillos de Tocino y Jalapeños

Ingredientes para la masa:
- ½ taza agua tibia
- ½ Cda levadura
- ½ Cda azúcar
- 1 Cda aceite
- 1 Cda aceite
- 1 taza **Harina de Khorasan Integrain**

Ingredientes para el relleno:
- 6 rebanadas de tocino frito y en trocitos
- 4 oz queso crema, ablandado
- 2 Cdas crema o leche
- ½ cdita cebolla en polvo
- ¼ cdita ajo en polvo
- ¼ cdita sal
- 2 jalapeños picados finamente
- 1 taza queso rallado

Procedimiento:
1. Mezcle el agua tibia con la levadura y el azúcar. Deje reposar por 5-10 min.
2. Agregue los ingredientes restantes para la masa. Amase por 3-5 min. Cubra y deja que crezca por 20 min.
3. Mientras tanto, mezcle bien todos los ingredientes para el relleno.
4. Extienda la masa para formar un rectángulo de 8 x 11 pulgadas.
5. Unte uniformemente con el relleno de queso crema.
6. Comenzando con una orilla larga, enrolle la masa. Luego corte en rodajas.
7. Póngalos en una charola para hornear engrasado y deje crecer por 20 min.
8. Hornee a 175 °C hasta que estén cocidos, aprox. 15 min.

Bacon & Jalapeño Pinwheels

Dough Ingredients:
- ½ cup warm water
- ½ Tbsp yeast
- ½ Tbsp sugar
- 1 Tbsp oil
- 1 Tbsp oil
- 1 cup **Khorasan Flour Integrain**

Filling Ingredients:
- 6 slices bacon, fried and crumbled
- 4 oz cream cheese, softened
- 2 Tbsp cream or milk
- ½ tsp onion powder
- ¼ tsp garlic powder
- ¼ tsp salt
- 2 jalapeños, finely chopped
- 1 cup grated cheese

Procedure:
1. Mix warm water with yeast and sugar. Let stand for 5-10 min.
2. Add remaining dough ingredients. Knead for 3-5 min. Cover and let rise for 20 min.
3. Meanwhile mix all filling ingredients well.
4. Roll dough into a 8 x 11-inch rectangle.
5. Spread evenly with cream cheese filling.
6. Starting with a long edge, roll dough up. Then cut in slices.
7. Put on greased baking sheet and let rise 20 min.
8. Bake at 350 °F until done, about 15 min.

Khorasan — Inglaterra — Entrada — 10 pz

Albóndigas Marroquíes Vegetarianos

Ingredientes:
- ½ cebolla grande, picada
- 2 dientes de ajo picados
- 1 zanahoria, finamente picada
- ½ Cda pimentón
- ¾ cdita comino molido
- ¾ cdita cilantro en polvo, (opc)
- 1 cdita hojuelas de chile rojo
- 2 cditas sal de mar
- ½ cdita pimienta negra
- 4 Cdas jugo de tomate
- 3 tazas garbanzos cocidos
- 1 lata champiñones (205 gr escurridos)
- 6 Cdas semillas de chia molidas
- 12 Cdas agua
- ¼ taza nueces finamente picadas
- ¼ taza **Harina de Khorasan Integrain**
- Romero picado al gusto
- 350gr **Arroz Integrain** cocido (página 22)

Procedimiento:
1. Fríe la cebolla en aceite. Agregue el ajo, y la zanahoria, y fríe unos min más. Agregue las especias y el jugo de tomate. Cocine unos min. a fuego lento.
2. En un procesador de alimentos, triture los garbanzos.
3. Mezcle la chia con el agua y deje reposar hasta formar una sustancia gelatinosa.
4. Mezcle todos los ingredientes, menos el arroz. Cubra y refrigere por 2-4 horas.
5. Precaliente el horno a 200 °C. Forme bolas con la mezcla.
6. Cepille cada bola con aceite, y colóquelas en una bandeja para hornear engrasado. Hornee por 15 min, luego voltee las bolas y hornee otros 15 min.
   Opc: En vez de hornear, puede freír las albóndigas si usted lo desea.
7. Prepare el arroz integral. (página 22)
8. Sirva las albóndigas sobre el arroz con salsa de tomate de su elección.

Moroccan Meatless Balls with Rice

Ingredients:
- ½ large onion, chopped
- 2 garlic cloves, minced
- 1 carrot, finely diced
- ½ Tbsp paprika
- ¾ tsp ground cumin
- ¾ tsp coriander powder, (opt.)
- 1 tsp red chili flakes
- 2 tsp sea salt
- ½ tsp black pepper
- 4 Tbsp tomato juice
- 3 cups cooked chickpeas
- 1 can mushrooms (205 g drained)
- 6 Tbsp ground chia seeds
- 12 Tbsp water
- ¼ cup finely chopped walnuts or pecans
- ¼ cup **Integrain Khorasan Flour**
- Chopped rosemary to taste
- 350 gr cooked **Integrain Rice**

Procedure:
1. Fry onion in oil. Add garlic, carrot; fry a few more min. Add spices and tomato juice. Cook for a few min. on low heat.
2. In a food processor, shred chickpeas.
3. Mix chia with water and let form a jelly-like substance.
4. Mix all of the ingredients except rice. Cover and put in fridge for 2-4 hours to firm up.
5. Preheat oven to 400 °F. Form balls from mixture.
6. Brush each ball with oil. Bake for 15 min, then turn over and bake another 15 min.
   Opt: If desired, instead of baking, you can pan fry the balls,
7. Prepare Integrain brown rice. (page 22)
8. Serve meatless balls on rice with your choice of tomato sauce.

 Khorasan Marruecos Principal 30 pz

Pastel de Zanahoria Integral

Ingredientes:
- 2 tazas **Harina de Khorasan Integrain**
- 1 cdita polvo de hornear
- 1 cdita bicarbonato de sodio
- 2 cditas canela
- ½ cdita jengibre
- ½ cdita nuez moscada
- ¾ cdita de sal
- 4 huevos
- 1 taza azúcar morena envasada
- ½ taza puré de camote
- ¼ taza crema ácida
- ½ taza aceite
- 1 cdita extracto de vainilla
- 2 tazas (220 g) zanahorias ralladas

Procedimiento:
1 Mezcle los ingredientes secos.
2. En un recipiente aparte, bata los huevos y el azúcar por 2-3 min.
3. Agregue el puré de camote, la crema ácida, el aceite, y la vainilla y mezcle bien.
4. Agregue los ingredientes secos y las zanahorias ralladas. Mezcle hasta incorporar.
5. Vierta la masa en 2 moldes redondos de 9 pulgadas, engrasados y enharinados.
6. Hornee a 175 °C por 20-22 min. o hasta que un palillo insertado salga limpio.
7. Deje enfriar en el molde antes de desmoldar sobre un plato. Unte la primera capa con crema batida o su betún favorito. Empalme el segundo pastel arriba del primero y embetunar con crema batida o betún.
8. Adorne con coco tostado y nueces picados si lo desea.

Whole Grain Carrot Cake

Ingredients:
- 2 cups **Integrain Khorasan Flour**
- 1 tsp baking powder
- 1 tsp baking soda
- 2 tsp cinnamon
- ½ tsp ginger
- ½ tsp nutmeg
- ¾ tsp salt
- 4 eggs•
- 1 cup packed brown sugar
- ½ cup mashed sweet potato
- ¼ cup sour cream
- ½ cup oil
- 1 tsp vanilla extract
- 2 cups (220 gr) grated carrots

Procedure:
1 Mix dry ingredients.
2. In a separate bowl, beat eggs and sugar together for 2-3 min.
3. Add mashed sweet potato, sour cream, oil and vanilla extract and mix well
4. Add dry ingredients and grated carrots. Mix until well combined.
5. Pour into 2 greased and floured, round 9-inch pans.
6. Bake at 350 °F for 20-22 min. until toothpick inserted in the center comes out clean.
7. Let cool in pan before turning onto plates. Spread first layer with whipped cream or your favorite frosting. Top with second layer of cake and spread that one with whipped cream or frosting as well.
8. Garnish with toasted coconut and chopped pecans if desired.

Pan de Barra con Khorasan

Ingredientes:
- 500 gr **Harina de Khorasan Integrain**
- 1 cdita levadura en polvo
- 1 cdita azúcar
- 1 cdita sal
- 375-400 ml agua tibia
- 2 Cdas aceite

Procedimiento:
1. Ponga la harina, levadura, azúcar y sal en un bol y mezcle.
2. Agregue el agua, sin amasar. Deje reposar 5 min. Agregue el aceite.
3. Comience a amasar en el bol. Rectifique de agua, si es necesario, a Cdas.
4. Cuando se hayan integrado todos los ingredientes, pasar a la mesa y comenzar a amasar sin añadir harina por 5 min.
5. Dejar reposar la masa tapada en un bol aceitado, en un lugar tibios, hasta que doble volumen, alrededor de una hora.
6. Aceitar ligeramente un molde de pan de barra
7. Pasar la masa a la mesa y aplanar con un rodillo. Hacer un rollo apretando bien las uniones.
8. Pasar al molde, aplanando de nuevo.
9. Dejar reposar en un lugar tibio por 25-30 min, tapado. Precalentar el horno a 200 °C.
10. Hornear primero 15 min y girar para que dore parejo.
11. Dejar otros 10 min en el horno. Enfriar en un rack.

Khorasan Loaf Bread

Ingredients:
- 500 grs **Khorasan Integrain Flour**
- 1 tsp baking powder
- 1 tsp of sugar
- 1 tsp of salt
- 375-400 ml warm water
- 2 Tbsp of oil

Procedure:
1. Put the flour, yeast, sugar and salt in a bowl and mix them together.
2. Add the water, without kneading. Let stand 5 min. Add the oil.
3. Start kneading in the bowl. Rectify water, if necessary, to tablespoons.
4. When all the ingredients have been integrated, go to the table and start knead without adding flour for 5 min.
5. Let the dough rest covered in an oiled bowl, in a warm place, until it doubles volume, about an hour.
6. Lightly oil a loaf pan
7. Transfer the dough to the table and flatten with a rolling pin. Make a roll by.
8. Transfer to the mold, flattening again.
9. Let stand in a warm place for 25-30 min, covered. Preheat oven to 400 °F.
10. Bake first 15 min and turn to brown evenly.
11. Leave another 10 min in the oven. Cool on a rack.

DUTCH BABY DE MANZANA CON DE MAPLE

Ingredientes para el dutch baby:
- 3 manzanas, rebanadas
- 2 Cdas azúcar morena
- 7 Cdas mantequilla derretida, dividida
- 6 huevos
- 1 taza leche
- ¾ taza **Harina de Khorasan Integrain**
- ¼ taza **Harina de Arroz Integrain**
- 1 Cda extracto de vainilla
- 1 cdita canela
- ½ cdita sal
- crema batida para servir

Ingredientes para el jarabe de canela:
- 1 taza jarabe de maple
- ¼ taza mantequilla
- 1 cdita canela
- 1 cdita. extracto de vainilla

Procedimiento para el dutch baby: 1. Precaliente el horno a 230 °C.
2. Coloque ¾ de las rebanadas de manzana en un sartén de hierro de 12". Rocíe 4 Cdas de mantequilla sobre las manzanas y espolvoree con azúcar. Hornee por 10 min.
3. En una licuadora, combine los huevos, la leche, la harina, la vainilla, la canela, la sal y 3 Cdas de mantequilla. Licue en alto. Retire el sartén caliente del horno y vierta la masa sobre las manzanas asadas. Hornee por 18-20 min más.
4. Saca el dutch baby del horno y sírvela cubierta con las manzanas restantes, la crema batida y el jarabe de canela.

Procedimiento para el jarabe de canela: En una cacerola ponga el jarabe de maple, la mantequilla y la canela y lleve a ebullición. Reduzca el fuego y cocine a fuego lento por 3-5 min. Retire del fuego y agregue la vainilla. Sirva tibio.

APPLE DUTCH BABY WITH MAPLE SYRUP

Dutch baby ingredients:
- 3 apples, sliced
- 2 Tbsp brown sugar
- 7 Tbsp melted butter, divided
- 6 eggs
- 1 cup milk
- ¾ cup **Integrain Khorasan Flour**
- ¼ cup **Integrain Rice Flour**
- 1 Tbsp vanilla extract
- 1 tsp. cinnamon
- ½ tsp. salt
- whipped cream for serving

Cinnamon syrup ingredients:
- 1 cup maple syrup
- ¼ cup butter
- 1 tsp. cinnamon
- 1 tsp. vanilla extract

Procedure for the Dutch baby: 1. Preheat the oven to 450 °F
2. Arrange ¾ of the apple slices in the bottom of a 12" cast iron skillet. Drizzle 4 Tbsp of butter over the apples, and sprinkle with the brown sugar. Bake for 10 min.
3. In a blender, combine the eggs, milk, flour, vanilla, cinnamon, salt and remaining 3 Tbsp melted butter. Blend on high. Remove the hot skillet from the oven and pour the batter over the baked apples. Bake for 18-20 min. more.
4. Remove the Dutch baby from the oven and serve topped with the remaining apple slices, whipped cream, and cinnamon syrup.

Procedure for the cinnamon syrup: In a small saucepan, combine the maple syrup, butter, and cinnamon and bring to a boil. Reduce heat to low and simmer for 3-5 min. Remove from heat and stir in the vanilla. Serve warm.

Bocaditos de Taco con Camarones

Ingredientes:
- 24 camarones grandes, crudos
- 1 aguacate, grande
- 2 Cdas cilantro, fresco picado
- 1 cdita de lima
- ⅛ taza vino blanco
- aceite de oliva
- ¼ cdita pimentón
- 1 cdita chiles chipotles en salsa adobo
- 2 cdita chile en polvo
- 1 cdita sal
- crema ácida
- 1 Cda jugo de limón
- jugo de 1 ajo prensado

Procedimiento:
1. Corte **12 tortillas de nixtamal** (página 248) en mini círculos de aprox. 2". Presione las mini tortillas en un molde para muffins engrasado.
2. Hornee hasta que queden ligeramente doradas.
3. Luego fríe en una sartén con aceite precalentado.
4. Cuece los camarones en agua hirviendo por 1 min. hasta que se pongan naranjas.
5. Cuele los camarones y saltee con el aceite de oliva, el vino blanco, 1 Cda de jugo de limón, el jugo de 1 ajo y el pimentón.
6. Pique el aguacate en cubos pequeños y agregue el jugo de limón.
7. Prepare la salsa de crema batiendo la crema con el chipotle, el chile en polvo y la sal.
8. Rellene igualmente cada una de las tortillitas con aguacate. Coloque los camarones encima, y cubra con salsa de crema. Espolvoree con cilantro picado.

Shrimp Taco Bites

Ingredients:
- 24 shrimps, large raw
- 1 avocado, large
- 2 Tbsp cilantro, fresh
- 1 tsp Lime
- ⅛ cup white wine
- olive oil
- ¼ tsp paprika
- 1 tsp chipotle chilies in adobo sauce
- 2 tsp chili powder
- 1 tsp salt
- sour cream
- 1 Tbsp lemon juice
- juice of 1 pressed garlic

Procedure:
1. Take **12 nixtamal tortillas**. (page 248) Cut them into mini circles about 2". Press the mini tortillas into a greased muffin mold.
2. Bake to a golden brow.
3. Next, fry in a preheated frying pan.
4. Bring water to a boil and cook shelled shrimp for 1 min. until they turn orange.
5. Strain the shrimp and sauté with olive oil, white wine, 1 Tbsp lemon juice, garlic juice, and paprika.
6. Chop avocado in small cubes and add the lime juice.
7. Prepare the cream sauce by whisking cream with chipotle, chili powder and salt.
8. Equally fill each of the tortillas with avocado. Place the shrimp on top. Top with cream sauce. Sprinkle with chopped cilantro.

Tamales

Ingredientes:
- 2 tazas **Harina Maíz Nixtamalizado Integrain**
- ¾ lt. aceite oliva
- ½ lt. guiso de chile colorado
- 1½ cdita sal marina
- caldo de carne

Procedimiento:
1. Mezcle la harina, el aceite, y la sal.
2. Agregue el caldo de carne que sea necesario para hacer una buena masa.
3. Rellene con guiso de chile colorado y envuelve con hojas de elote.
4. Cuece al vapor.

Tamales

Ingredients:
- 2 cup **Integrain Corn Flour**
- ¾ lt. olive oil
- meat broth
- 1½ tsp sea salt
- ⅓ - ½ Lt. chile colorado filling

Procedure:
1. Mix flour, oil and salt.
2. Add as much meat broth as needed to make a good dough.
3. Fill with chile colorado and wrap with corn leaves.
4. Steam until cooked.

Flautas con Salsa Suiza

Ingredientes para las flautas:
- 500 gr pollo deshuesado
- ½ cebolla (picada finamente)
- condimento para pollo y/o fajitas
- 1 taza de **Harina de Maíz Nixtamalizado Integrain**
- 1 taza agua
- pizca sal
- aceite para freír

Ingredientes para la salsa:
- 6 jalapeños
- ½ cebolla
- ¼ taza de mantequilla
- 2 dientes de ajo
- 8 tomatillos, partidos por la mitad
- 2-3 tazas de caldo de pollo
- cilantro fresco
- sal de mar
- crema ácida

Procedimiento para las flautas:
1. Cocine el pollo a presión. Sofríe la cebolla, agregue el pollo y sazone.
2. Prepare la receta de masa para tortillas (página 248).
3. Agregue una pequeña cantidad de pollo a cada tortilla cruda y enróllelas.
4. Caliente el aceite en una sartén y fría las flautas hasta que estén doradas.

Procedimiento para la salsa: 1. Retire las semillas y los tallos del jalapeño
2. Fríe la cebolla en la mantequilla hasta que esté tierna. Agregue el ajo y continúe friendo hasta que se dore un poco.
3. En otra olla cuece los tomatillos, los jalapeños, el cilantro y caldo de pollo hasta cubrir. Deje cocer a fuego lento por 5 min. Agregue sal al gusto. Licue todo.
4. Sirva las flautas con salsa suiza y un poco de crema ácida.

Flautas with Swiss Sauce

Ingredients for flautas:
- 500 gr. boneless chicken
- ½ onion (chopped finely)
- chicken and/or fajita seasoning
- 1 cup **Integrain Nixtamalized Corn Flour**
- 1 cup water
- pinch of salt
- oil for frying

Ingredients for sauce:
- 6 jalapeños
- ½ onion
- ¼ cup butter
- 2 cloves garlic
- 8 tomatillos, halved
- 2-3 cups chicken broth
- fresh cilantro
- salt
- sour cream

Procedure for Flautas:
1. Pressure cook the chicken. Sauté the onion and add chicken and seasoning.
2. Prepare tortilla dough recipe (page 248).
3. Add small amount of chicken to each raw tortilla and roll them up neatly.
4. Heat oil in a frying pan and fry the flautas until slightly golden.

Procedure for Sauce: 1. Remove jalapeño seeds and stems
2. Fry onion in butter until soft. Add garlic and continue frying until slightly browned.
3. In a different pot add tomatillos, jalapeños, cilantro and enough chicken broth to cover them. Let it simmer for 5 min. Add salt to taste. Blend all of the above.
4. Serve flautas with Swiss sauce and a little sour cream

Pay de Moras Azules con Costra de Maíz

Ingredientes para la corteza:
- 290 gr **Harina de Trigo Integrain**
- ¼ taza **Harina de Maíz Nixtamalizado**
- agua helada
- ¼ taza de manteca vegetal, refrigerada y cortada en trozos pequeños
- 12 Cda mantequilla, enfriada, rallada
- 3 Cdas azúcar
- ½ sal

Ingredientes para el relleno:
- ¾ taza azúcar granulada
- ¼ taza maicena
- ⅛ cdita sal marina
- 1 limón, rallado y en jugo
- 6 tazas moras azules frescas
- 2 Cda leche
- 1 Cda azúcar (para espolvorear)

1. **Masa:** Mezcle la harina, la harina de maíz, el azúcar y la sal en un procesador de alimentos. Agregue mantequilla y manteca. Pulse hasta incorporar. Agregue 4 Cdas de agua helada y mezcle hasta que la masa forme una bola. Agregue más si es necesario. Divida la masa en ½, envuélvalos en plástico y refrigere 1 hora.
2. **Relleno:** mezcle el azúcar, la maicena, la sal, la ralladura de limón, 4 tazas de moras, el jugo de limón y 1 Cda de agua. Deje reposar unos 45 min. Agregue las 2 tazas restantes de mora azul y revuelva suavemente.
3. Sobre una superficie enharinada, extienda una masa. Transfiera a un molde para pay de 9" y presione las orillas. Rellene con la mezcla de moras azules. Extienda la segunda masa, y luego cubra el pay y doble los bordes para sellar. Con un cuchillo, marca la parte superior de la corteza. Cepille con leche y espolvoree con azúcar.
4. Hornee sobre una charola a 200 °C por 25 min. Reduzca la temperatura del horno a 175 °C y hornee unos 35 min. más. Transfiera a una rejilla y enfríe completamente.

Blue Berry Pie with Cornmeal Crust

Ingredients for the crust:
- 290 gr. **Whole Wheat Integrain Flour**
- ¼ cup **Integrain Nixtamalized Flour**
- ice water
- ¼ cup shortening, chilled, cut into small pieces
- 12 Tbsp butter, chilled, grated
- 3 Tbsp sugar
- ½ salt

Ingredients for the filling:
- ¾ cup granulated sugar
- ¼ cup cornstarch
- ⅛ tsp sea salt
- 1 lemon, zested and juice
- 6 cups fresh blueberries
- 2 Tbsp milk
- 1 Tbsp sugar (for sprinkling)

1. **Crust:** Blend flour, cornmeal, sugar and salt in a food processor. Add butter and shortening. Pulse until blended. Add 4 Tbsp ice water and blend until dough forms a ball. Add more if necessary. Divide dough in ½, wrap in plastic, chill at least 1 hour.
2. **Filling:** Whisk together sugar, cornstarch, salt, lemon zest, 4 cups blueberries, lemon juice and 1 Tbsp water. Let stand 45 min. Fold in remaining 2 cups of blueberries.
3. On a floured surface, roll out one dough. Transfer to a 9" pie pan and press edges. Fill with blueberry mixture. Roll out the 2nd dough, then use it to cover the pie, and crimp edges to seal. Score top of crust. Brush with milk, and sprinkle with sugar.
4. Bake on cookie sheet at 400 °F for 25 min. Reduce oven temperature to 350 °F and bake about 35 min. more. Transfer to a rack and cool completely before serving.

 USA Postre

Champurrado

Ingredientes:
- 2 tazas agua
- 3 tazas leche
- 1 rama de canela
- 60 g piloncillo
- 90 gr chocolate (de mesa)
- ¾ tazas **Harina de Maíz Nixtamalizado**
- ⅛ cdita sal
- ¼ cdita vainilla

Procedimiento:
1. Hierve 1 taza de agua con la rama de canela y el piloncillo hasta que se disuelva.
2. Retire la rama de canela.
3 Añade la leche y el chocolate y lleve a ebullición.
4. Haga una masa con la harina de maíz nixtamalizado y 1 taza de agua.
5. Ponga la masa junto con la mezcla hervida en una licuadora y licuar. Sirva caliente.

Champurrado

Ingredients:
- 2 cup water
- 3 cup milk
- 1 cinnamon stick
- 60 gr. jaggery
- 90 gr chocolate (Mexican chocolate)
- ¾ cups **Integrain Corn Flour**
- ⅛ tsp salt
- ¼ tsp vanilla

Procedure:
1. Boil 1 cup of water with the cinnamon stick, and jaggery until it dissolves.
2. Remove cinnamon stick.
3 Add milk and chocolate and bring to a boil.
4. Make a dough with the nixtamalized cornflour and 1 cup of water.
5. In a blender, blend dough with boiled mix. Serve hot.

Toritllas de Maíz

Ingredientes:
- 2 tazas **Harina Maíz Nixtamalizado Integrain**
- 2 tazas Agua

Procedimiento:
1. Mezcle la harina con el agua hasta formar una masa suave.
2. Haga bolitas con la masa y prense o extienda.
3. Cocine de ambos lados en un comal caliente.

Corn Tortillas

Ingredients:
- 2 cups **Nixtamalized Corn Flour**
- 2 cups Water

Procedure:
1. Mix flour and water to form a smooth dough.
2. Make balls from the dough and press or roll out.
3. Cook on both sides on a hot griddle.

Chilaquiles Rojos

Ingredientes para la salsa roja:
- ½ cebolla grande
- 6 jalapeños
- 2-3 dedos de ajo
- cilantro fresco (extra para cubrir)
- salsa de chile colorado
- jugo de 2 limones
- 3-4 tomates
- mantequilla o aceite

Ingredientes para la salsa blanca:
- queso rallado
- crema ácida
- crema líquida
- sal de cebolla
- sal de ajo
- requesón para espolvorear (opc.)

Procedimiento para las salsas:
1. Fríe la cebolla, el jalapeño y el ajo en mantequilla. Agregue los tomates y el cilantro. Agregue agua según sea necesario y licue en una licuadora.
2. Vierta a la olla y agregue un poco de chile colorado y jugo de limón al gusto.
3. En un recipiente aparte, mezcle todos los ingredientes para la salsa blanca:

Procedimiento para armar los chilaquiles:
1. Haga tortillas de **Nixtamal Integrain** (página 248), córtelas en triángulos y fríelas en aceite hasta que queden crujientes. Precaliente el horno a 175 °C
2. En una cacerola, coloque una capa de totopos de tortillas fritas.
3. Vierta la salsa roja sobre los totopos y cubra con la salsa blanca.
4. Hornee a 175 °C hasta que burbujee.

Red Chilaquiles

Red sauce Ingredients:
- ½ large onion
- 6 jalapeño
- 2-3 toe of garlic
- fresh cilantro (extra to top)
- chile Colorado sauce
- juice of 2 lemons
- 3-4 tomatoes
- butter or oil

White sauce Ingredients:
- shredded cheese
- sour cream
- sweet dairy cream
- onion salt
- garlic salt
- cottage cheese for sprinkling opt.

Procedure for sauces:
1. Fry onion, jalapeño and garlic in butter. Add tomatoes and cilantro. Add water as necessary and blend in a blender.
2. Pour into a pot and add a little chile Colorado and lemon juice to taste.
3. in a separate container, mix all white sauce ingredients

Procedure for assembling the chilaquiles:
1. Make **Integrain Nixtamal** tortillas (page 248), cut into triangles, and fry them in oil until crisp. Preheat oven to 350 °F
2. In a casserole dish layer fried tortilla totopos.
3. Pour the red sauce over the totopos and top with the white cheese sauce.
4. Bake at 350 °F until it bubbles.

 Maíz Nixtamal
 México
 Desayuno
 6

Aros Crujientes de Cebolla con Quinoa

Ingredientes:
- 1½ taza **Quinoa Integrain**, inflada
- 2 cebollas, cortadas en rodajas en aros
- 1 tazas **Harina Arroz Integrain**, divididas
- ½ cdita polvo de hornear
- 1 Cda maicena
- ¼ cdita sal
- ½ cdita curry en polvo (opc.)
- 1 taza **Harina de Quinoa**
- 1 taza leche
- 1½ tazas pan molido (página 282)
- 1 cdita sal de ajo o ajo en polvo
- 1 cdita orégano seco
- ½ cdita tomillo seco
- 1 cdita jengibre molido
- aceite, para freír

Procedimiento para la masa:
1. Mezcle la harina de arroz, la harina de quinoa, el polvo para hornear, la maicena, la sal y el curry en polvo en un tazón y mezcle para combinar. Agregue gradualmente la leche y bate.

Procedimiento para la cobertura:
2. Mezcle el pan molido, la sal de ajo, el orégano, el tomillo, el jengibre molido y la quinoa inflada. Caliente el aceite en un sartén.
3. Sumerja y cubra los aros de cebolla en la masa, y luego en la cobertura de quinoa.
4. Fríe los aros de cebolla en lotes por 2-3 min, o hasta que estén dorados y crujientes.

Crispy Quinoa Onion Rings

Ingredients:
- 1½ cups **Integrain Quinoa,** puffed
- 2 onions, cut into thick slices into rings
- 1 cups **Integrain Rice Flour**, divided
- ½ tsp baking powder
- 1 Tbsp corn starch
- ¼ tsp salt
- ½ tsp curry powder (opt)
- 1 cup **Quinoa Flour**
- ½ -1 cup milk
- 1½ cups breadcrumbs (page 282)
- 1 tsp garlic salt or garlic powder
- 1 tsp dried oregano
- ½ tsp dried thyme
- 1 tsp ground ginger
- oil, to fry

Procedure for the batter:
1. Whisk together rice flour, quinoa flour, baking powder, corn starch, salt, and curry powder in a bowl and whisk to combine. Whisk in milk slowly.

Procedure for the coating:
2. Mix together the breadcrumbs, garlic salt, oregano, thyme, ground ginger and puffed quinoa. Heat oil in a pan.
3. Dip and coat onion rings in the batter, then in the puffed quinoa coating mix.
4. Deep fry onion rings in batches for 2-3 min, until browned and crisp.

Coliflor y Brócoli Gratinados

Ingredientes
- ¼ taza + 3 Cdas mantequilla
- ¼ taza cebollas licuadas o picadas
- 2 Cdas **Harina de Quinoa Integrain**
- 4 Cdas **Harina de Arroz Integrain**
- 1 ½ taza leche
- ½ taza queso rallado
- 1 Cda perejil fresco y picado o seco
- sal al gusto
- pimienta al gusto
- 2 tazas brócoli y coliflor cocidos
- 2 tazas hojuelas de maíz trituradas
- 3 Cda pan molido (página 282)

Procedimiento:
1. Derrita ¼ de taza de mantequilla en una sartén y agregue las cebollas. Fríe a fuego lento y revuelva hasta que las cebollas estén bien cocidas.
2. Agregue las harinas y mezcle con una cuchara de madera. Retire del fuego y agregue gradualmente la leche. Cocine a fuego lento y revuelva constantemente, hasta que se vuelva espesa y suave. Retírelo del fuego.
3. Agregue queso, perejil, sal y pimienta, y revuelva hasta que el queso se derrita. Agregue el brócoli y la coliflor cocidos y revuelva bien. Vierta en un cuenco para hornear engrasada con mantequilla.
4. Derrita las 3 Cdas de mantequilla en una olla, retírelo del fuego y agregue las hojuelas de maíz y el pan molido. Espolvoree sobre la mezcla en el cuenco.
5. Hornee destapado a 190 °C por aprox. 20 min. (Opc.: Decore con perejil.)

Cauliflower and Broccoli Au Gratin

Ingredients
- ¼ cup + 3 Tbsp butter
- ¼ cup blended or finely chopped onions
- 2 Tbsp **Integrain Quinoa Flour**
- 4 Tbsp **Integrain Rice Flour**
- 1 ½ cup milk
- ½ cup shredded cheese
- 1 Tbsp chopped or dried parsley
- ⅛ to ¼ tsp salt to your taste
- a pinch of pepper to your taste
- 2 cup cooked broccoli and cauliflower
- 2 cup crushed cornflakes
- 3 Tbsp bread crumbs (page 282)

Procedure:
1. Melt ¼ cup butter in a pan and add the onions. Fry on low heat and stir until the onions are well done.
2. Stir in the flours with a wooden spoon. Remove from heat and slowly add milk. Cook on low heat and stir constantly, until thick and smooth. Remove it from the heat.
3. Add cheese, parsley, salt and pepper, and stir until the cheese melts. Add cooked broccoli and cauliflower and stir well. Pour into a buttered casserole dish.
4. Melt the 3 Tbsp of butter in a pot, remove from heat and add cornflakes and bread crumbs. Sprinkle it over the top of the casserole.
5. Bake uncovered at 375 °F for approx. 20 min. (Opt.: Garnish with parsley.)

Filetes de Coliflor con Costra de Quinoa

Ingredientes
- ½ taza **Harina de Quinoa Integrain**
- 1 coliflor de cabeza grande
- 2 huevos grandes
- ¼ taza de crema espesa
- ½ cdita de sal marina
- ½ cdita pimienta recién molida
- 2 cditas de aceite de oliva
- 2-3 tazas de salsa marinara
- 1-2 onzas de queso panela en trozos
- 1-3 Cdas de albahaca fresca

Procedimiento:
1. Precaliente el horno a 200 °C. Engrase una charola o forre con papel pergamino.
2. Retire las hojas verdes de la cabeza de la coliflor. Con el tallo hacia abajo, corte 2 filetes de ½ pulgada de grosor del centro de la coliflor, reservando los floretes.
3. En un plato un poco hondo, mezcle los huevos y la crema. En otro plato aparte, combine la harina de quinoa, la sal y la pimienta. Cubra los filetes de coliflor en la mezcla de huevo, y luego transfiera cuidadosamente a la mezcla de quinoa y cubra. Repita el proceso, cubriendo con huevo y harina de nuevo para una corteza doble.
4. Caliente 1 cdita de aceite de oliva en un sartén grande. Fríe el filete de coliflor por 3-4 min. de cada lado, hasta que esté dorado y crujiente. Transfiera el filete a la charola para hornear preparada. Repita este proceso con el segundo filete de coliflor.
5. Hornee los filetes por 15 min, hasta que estén tiernos.
   Sirva los filetes con salsa marinara, y cubiertos con queso panela y albahaca.

Quinoa Crusted Cauliflower Steaks

Ingredients
- ½ cup **Integrain Quinoa Flour**
- 1 large head cauliflower
- 2 large eggs
- ¼ cup heavy cream
- ½ tsp sea salt
- ½ tsp freshly ground pepper
- 2 tsp olive oil, divided
- 2-3 cups marinara sauce
- 1-2 ounces panela cheese, crumbled
- 1-3 Tbsp fresh basil

Procedure:
1. Preheat the oven to 400 °F. Grease a baking sheet or line with parchment paper.
2. Strip away the greens on the head of the cauliflower. With the stem side down, cut two ½ inch thick steaks from the center of the cauliflower, reserving florets.
3. In a shallow dish, whisk together the eggs and cream. In a separate dish, combine the quinoa flour, salt, and pepper. Coat the cauliflower steaks in the egg mixture, then carefully transfer to the quinoa mixture and coat. Repeat the process, coating with egg and quinoa flour once more to create a double crust.
4. Heat 1 tsp of olive oil in a big skillet. Fry the steak for 3-4 min on each side, until browned and crispy. Transfer the steak to the prepared baking sheet. Repeat this process with the second steak.
5. Bake the steaks for 15 min, until tender.
   Serve the steaks with marinara sauce, topped with panela cheese and basil.

Brownies de Harina de Quinoa

Ingredientes:
- 3 huevos
- ¾ taza de azúcar
- ¾ taza chispas de chocolate semi-dulce
- ½ taza de mantequilla o aceite de coco
- 2 Cdas de **Café Integrain** preparado
- 1 cdita de vainilla
- ¼ taza de **Harina de Quinoa Integrain**
- ½ taza de **Harina de Arroz Integrain**
- ¼ de cdita de goma xantana
- 2 Cdas de cacao en polvo
- ⅓ cdita de polvo para hornear
- ½ cdita de sal
- ¼ taza de chispas de chocolate amargo

Procedimiento:
1. Precaliente el horno a 165 °C. Engrase un molde para hornear cuadrado de 9"x 9".
2. En el tazón de una batidora, bata los huevos y el azúcar hasta que quede suave.
3. En un tazón pequeño resistente al calor, derrita las chispas de chocolate semi-dulce y la mantequilla o aceite de coco a baño maría, mezclando hasta que esté derretido.
4. Vierta lentamente el chocolate derretido en la mezcla de azúcar y bata. Agregue el café y la vainilla.
5. En un recipiente aparte, mezcle las harinas, la goma xantana, el cacao, el polvo para hornear y la sal. Agregue esto a la mezcla de chocolate y bate hasta incorporar.
6. Vierta la mezcla en el molde engrasado y espolvoree con chispas de chocolate amargo y hornee de 22 a 28 min. Aparentarán estar ligeramente crudos.
7. Enfríe completamente.

Fudgy Quinoa Flour Brownies

Ingredients:
- 3 eggs
- ¾ cup sugar
- ¾ cup semi-sweet chocolate chips
- ½ cup butter or coconut oil
- 2 Tbsp brewed **Integrain Coffee**
- 1 tsp vanilla
- ¼ cup **Integrain Quinoa Flour**
- ½ cup **Integrain Rice Flour**
- ¼ tsp xantham gum
- 2 Tbsp cocoa powder
- ⅓ tsp baking powder
- ½ tsp salt
- ¼ cup dark chocolate chips

Procedure:
1. Preheat oven to 325 °F and grease a 9"x 9" baking pan.
2. In the bowl of a stand mixer, beat eggs and sugar until smooth.
3. In a small heat safe bowl, melt semi-sweet chocolate chips and butter or coconut oil over boiling water stirring until completely melted.
4. Slowly pour melted chocolate into sugar mixture, and beat. Add coffee and vanilla.
5. In a separate bowl, whisk together flours, xantham gum, cocoa powder, baking powder, and salt. Add this to the chocolate mixture, and mix until combined.
6. Pour batter into greased baking pan; sprinkle with dark chocolate chips and bake 22-28 min. Brownies will appear slightly under baked.
7. Cool completely in pan.

 Quinoa
 USA
 Postre
 16 pz

Palitos de Pan de Quinoa

Ingredientes:
- ½ taza de **Harina de Quinoa Integrain**
- 1 taza **Mezcla Sin Gluten** (página 152)
- 1 Cda de azúcar
- ½ cdita de sal
- ¾ taza de agua tibia (45 °C)
- 2 ¼ cditas de levadura
- 1 cdita de aceite de oliva
- ⅛ taza de mantequilla derretida
- 1 Cda de queso parmesano
- ½ Cda de cebolla en polvo
- ½ Cda de ajo en polvo
- ½ cdita de albahaca
- ¼ cdita de sal
- ¼ taza de mantequilla derretida

Procedimiento:
1. Precaliente el horno a 400 °F Cubra un molde para hornear de 9" x 9" con papel pergamino y engrase con mantequilla.
2. Combine la harina de quinoa, la mezcla sin gluten, el azúcar y la sal, y mezcle.
3. En otro tazón, disuelva la levadura en el agua tibia y agregue el aceite de oliva. Vierta en la mezcla de harina. Mezcle y amase hasta formar una bola.
4. Extienda la masa en el molde preparado. Corte en 6 tiras. Cepille con ⅛ taza de mantequilla derretida. Cubra con una toalla húmeda y póngala en un lugar cálido por 30 min o hasta que el pan haya subido ligeramente.
5. Hornee por 20 min o hasta que estén dorados y crujientes. Mezcle el queso y las especias con ¼ taza de mantequilla derretida, y rocíe sobre los palitos de pan. Sirva con salsa para pizza.

Quinoa Bread-sticks

Ingredients:
- ½ cup **Integrain Quinoa Flour**
- 1 cup **Gluten Free Flour Mix** (page 152)
- 1 Tbsp sugar
- ½ tsp salt
- ¾ cup warm water (115 °F)
- 2 ¼ tsp quick-rise dry yeast
- 1 tsp olive oil
- ⅛ cup melted butter
- 1 Tbsp Parmesan cheese
- ½ Tbsp onion powder
- ½ Tbsp garlic powder
- ½ tsp basil
- ¼ tsp salt
- ¼ cup melted butter

Procedure:
1. Preheat oven to 400 °F Line a 9" x 9" baking pan with parchment paper and grease with butter.
2. Combine the quinoa flour, gluten free flour, sugar, and salt in a bowl and mix.
3. In another bowl, dissolve the yeast in warm water and whisk in the olive oil. Pour into the flour mixture. Stir and knead until the dough forms a ball.
4. Press the dough into prepared pan. Cut into 6 strips. Brush with ⅛ cup of melted butter. Cover with a damp kitchen towel and put it in a warm place for 30 min or until the bread sticks have risen slightly.
5. Bake for 20 min, or until the bread sticks are golden brown and crisp. Mix cheese and spices with ¼ cup melted butter, and sprinkle onto the bread sticks. Serve with pizza sauce.

Hotcakes de Harina de Quinoa

Ingredientes:
- ¾ tazas de **Harina de Trigo Integrain**
- ¾ tazas de **Harina de Quinoa Integrain**
- 1 Cda semillas de chia opc.
- 1 Cda polvo de hornear
- 1 Cda azúcar granulada
- 1 cdita canela
- ¼ taza de cacao
- ½ cdita de sal marina
- 1 ½ tazas de suero de leche (yoghurt)
- 2 huevos grandes
- 1 Cda. aceite de oliva ligero
- 1 cdita. extracto puro de vainilla
- 2 Cdas **Café Integrain**

Procedimiento:
1. Combine todos los ingredientes secos en un tazón mediano y bata.
2. En un otro tazón mediano, bate los huevos, y agregue el suero de leche, el aceite y la vainilla. Bate hasta incorporar.
3. Agregue los ingredientes secos a los líquidos y bate para combinar. Deje reposar la masa por 5 min.
4. Caliente una sartén antiadherente a fuego medio, y cepille con un poco de aceite.
5. Vierta ¼ taza de la masa sobre el sartén caliente.
6. Cocine el hotcake hasta que haya burbujas en la superficie y las orillas comiencen a lucir secas, alrededor de 1 a 2 min. Voltee el hotcake y cocine 1 a 2 min del otro lado.
7. Cepille el sartén con aceite y repita el proceso hasta que haya usado toda la masa.
8. Cubra los hotcakes con mantequilla, toppings de su elección y miel de maple.

Quinoa Flour Pancakes

Ingredients:
- ¾ cups **Whole Wheat Integrain Flour**
- ¾ cups **Integrain Quinoa Flour**
- 1 Tbsp chia seeds opt.
- 1 Tbsp baking powder
- 1 Tbsp granulated sugar
- 1 tsp. cinnamon
- ¼ cup cacao
- ½ tsp sea salt
- 1 ½ cups buttermilk (yogurt)
- 2 large eggs
- 1 Tbsp light olive oil
- 1 tsp. pure vanilla extract
- 2 Tbsp **Integrain Coffee**

Procedure:
1. Combine all dry ingredients in a medium-sized bowl and whisk.
2. In a second medium-sized bowl whisk the eggs, add buttermilk, oil and vanilla. Whisk well to combine.
3. Add the dry ingredients to the liquid ingredients and whisk to combine. Let batter rest for 5 min.
4. Heat a heavy non-stick skillet to medium heat, and brush with a little oil.
5. Pour ¼ cup of the batter onto the hot skillet.
6. Cook pancake until it bubbles on the surface and edges start to look dry, about 1 - 2 min. Flip pancake and cook 1 to 2 min on the other side.
7. Brush skillet with oil and repeat the process until you have used up all the batter.
8. Top pancakes with butter, toppings of your choice and maple syrup.

 Quinoa Integrain Desayuno 10 pz

Galletas De Trigo Integral

Ingredientes para la masa:
- 1 taza de **Harina de Trigo Integrain**
- ½ cdita de sal de mar
- 2 cditas de miel
- 3 Cdas de mantequilla fría rallada
- ¼ taza de agua fría

Ingredientes para cubrir:
- 1 clara de huevo batido con 1 Cda de agua
- Sal de mar gruesa
- Semillas de ajonjolí
- Semillas de linaza

Procedimiento:
1. Mezcle los ingredientes secos para la masa. Agregue la mantequilla fría rallada y mezcle bien con un tenedor.
2. Agregue miel y agua y mezcle bien.
3. Transfiera la masa a una superficie enharinada y extienda para formar un rectángulo de 8 x 12 pulgadas.
4. Corte en cuadritos.
5. Haga agujeros en los cuadritos con un palillo o tenedor.
6. Cepille los cuadritos con la clara de huevo batida y espolvoree con sal y semillas.
7. Hornee a 175 °C por 12-15 min o hasta que estén dorados.

Whole Wheat Crackers

Dough Ingredients:
- 1 cup **Whole Wheat Integrain Flour**
- ½ tsp sea salt
- 2 tsp honey
- 3 Tbsp cold butter, grated
- ¼ cup cold water

Topping Ingredients:
- 1 egg white mixed with 1 Tbsp water
- Coarse sea salt
- Sesame seed
- Flax seed

Procedure:
1. Mix dry dough ingredients. Add the cold grated butter and mix in well with a fork.
2. Add honey and water and mix well.
3. Transfer to a floured surface and roll into a 8 x 12-inch rectangle.
4. Cut into squares.
5. Poke holes into square with a toothpick or fork.
6. Brush with egg white mixture and sprinkle with salt and seeds.
7. Bake at 350 °F for 12-15 min or until golden.

Ensalada de Pollo con Crutones Caseros

Ingredientes para los crutones:
- 3 tazas pan con **Harina de Trigo Integrain** en cubos, (receta en página 282)
- 6 Cdas mantequilla derretida o aceite
- ½ cdita de orégano seco
- ½ cdita de ajo en polvo
- ⅛ de cdita de pimienta negra
- 1 Cda queso parmesano rallado
- ½ cdita de perejil seco
- ¼ cdita de sal marina

Ingredientes para la ensalada:
- 12 hojas de lechuga romana
- 2 aguacates cortados en cubitos
- aderezo César o aderezo de su elección
- 3 tazas pollo a la plancha en cubos
- queso rallado

Procedimiento:
1. **Para los crutones:** Mezcle la mantequilla derretida o el aceite con los condimentos y el queso parmesano rallado.
2. Vierta sobre los cubos de pan y mezcle bien.
3. Extiéndalos en una charola para hornear, y hornee a 190 °C por 35-45 min. o hasta que estén secos y crujientes.
4. Enfríe completamente.
5. Mezcle los ingredientes para la ensalada y agregue los crutones justo antes de servir.

Chicken Salad with Homemade Croutons

Ingredients for croutons:
- 3 cups cubed whole wheat bread with **Integrain Wheat Flour**, (see recipe page 282)
- 6 Tbsp melted butter or olive oil
- ½ tsp dried oregano
- ½ tsp garlic powder
- ⅛ tsp black pepper
- 1 Tbsp grated Parmesan cheese
- ½ tsp dried parsley
- ¼ tsp sea salt

Ingredients for salad:
- 12 large romaine lettuce leaves
- 2 avocados, diced
- Caesar salad dressing or dressing of your choice
- 3 cups cubed grilled chicken
- grated cheese

Procedure:
1. **For the croutons:** Mix melted butter or oil with the seasonings and grated Parmesan cheese.
2. Pour over bread cubes and mix well.
3. Spread in a cookie sheet and bake at 375 °F for 35-45 min. or until dry and crunchy.
4. Cool completely.
5. Mix salad ingredients and top with croutons just before serving.

Sopa de Pollo

Ingredientes para los fideos:
- 4 tazas **Harina de Trigo Integrain**
- 6 huevos
- caldo de pollo o agua

Ingredientes para el caldo:
- 4 piernas de pollo
- 2-3 litros de agua
- 1 cdita perejil seco
- 4 hojas de laurel
- 4 estrellas de anís
- 1 cdita comino en polvo
- 1 cdita cebolla en polvo
- 1 cdita albahaca seco
- ¼ cdita canela
- sal y pimienta al gusto

Procedimiento:
1. **Para los fideos:** Mezcle la harina y los huevos, y agregue suficiente caldo o agua hasta formar una masa rígida y espesa.
2. Haga los fideos pasando la masa por una máquina para hacer pasta, o extendiendo y cortando finamente. Guarde y seque por unos días, o cuece inmediatamente.
3. Cuece los fideos en agua hirviendo por 15 min, y escurra.
4. **Para el caldo:** Cose las piernas de pollo en el agua con un poco de sal. Cuando estén bien cocidas, agregue los demás ingredientes y cuece por 10 min más. Retire las hojas de laurel, y el anís.
5. Agregue los fideos cocidos. Sirva la sopa caliente, con una pierna de pollo.

Noodle Soup

Ingredients for the noodles:
- 4 cups **Integrain Wheat Flour**
- 6 eggs
- chicken broth (opt.)

Ingredients for the broth:
- 4 chicken legs
- 2-3 liters of water
- 1 tsp dried parsley
- 4 bay leaves
- 4 stars of anise
- 1 tsp cumin powder
- 1 tsp onion powder
- 1 tsp dried basil
- ¼ tsp cinnamon
- salt and pepper to taste

Procedure:
1. **For the noodles:** Mix flour and eggs, and add enough broth or water to make a thick and stiff dough.
2. Make the noodles by passing the dough through a pasta maker, or rolling out and cutting thinly. Store and let dry for a few days or cook immediately.
3. Cook noodles in boiling water for 15 min, and drain.
2. **For the soup:** Cook the chicken legs in the water with a little salt. When they are well cooked, add the other ingredients and cook for 10 more min. Remove the bay leaves, and the anise.
3. Add the cooked and drained noodles. Serve soup hot, with a chicken leg.

Wrenakje

Ingredientes para la masa:
- 2 claras de huevo
- ½ taza de leche
- ½ cdita de sal
- 5 tazas **Harina de Trigo Integrain**

Ingredientes para el relleno:
- 2 tazas de requesón
- 2 yemas de huevo
- ½ cdita de sal

Ingredientes para el gravy:
- 2 Cdas de mantequilla
- 2 Cdas de **Harina de Trigo Integrain**
- 1 ½ taza de leche
- ½ taza de crema ácida
- 1 cdita de sal
- ½ cdita de pimienta

Procedimiento:
1. **Para la masa:** En un tazón, bate las claras de huevo, la leche y la sal. Agregue 5 tazas de harina o suficiente para hacer una masa suave. Extienda la masa y corte círculos.
2. Mezcle bien todos los ingredientes del relleno. Ponga una Cda de relleno en cada círculo de masa. Doble los círculos a la mitad y sella las orillas. Cuece los wrenakje en agua hirviendo por 10 min. o fríelos en aceite hasta que estén crujientes y ligeramente dorados. Sirva con gravy y salchicha menonita ahumada.
3. **Para el gravy:** Derrita la mantequilla en una olla pequeña, luego agregue la harina. Revuelva hasta que burbujee, agregue la leche, y mezcle bien. Cuece hasta que espese, luego agregue la crema, la sal y la pimienta y continúe revolviendo hasta que hierva nuevamente. Retire del calor. Sirva caliente.

Wrenakje

Ingredients for dough:
- 2 egg whites
- ½ cup milk
- ½ tsp salt
- 5 cups **Whole Wheat Integrain Flour**

Ingredients for filling:
- 2 cups Glums
- 2 egg yokes
- ½ t salt

Ingredients for gravy:
- 2 Tbsp of butter
- 2 Tbsp **Whole Wheat Integrain Flour**
- 1 ½ cup milk
- ½ cup sour cream
- 1 tsp salt
- ½ tsp pepper

Procedure:
1. **For the dough:** In a bowl, whisk egg whites, milk and salt. Add 5 cups of flour or enough to make a soft dough. Roll out the dough and cut out large circles.
2. Mix filling ingredients well. Put a Tbsp of filling on each circle of dough. Fold it over in half and seal the edges. Boil the wrenakje for 10 min. or fry them until crisp and light golden. Serve with gravy and Mennonite smoked sausage.
3. **For the gravy:** Melt the butter in a small saucepan, then add flour. Stir until bubbly, then add milk and whisk well. Cook until gravy thickens, add cream, salt and pepper and continue stirring until it boils again. Remove from heat. Serve hot.

Milanesa de Res con Gravy Campesino

Ingredientes para la milanesa:
- 2 tazas **Harina Integrain de Trigo**
- 1 cdita cebolla en polvo
- ¾ cdita pimentón
- ¼ cdita pimienta de cayena
- ¼ cdita de sal
- 2 huevos
- ½ taza de agua
- ½ kg. de milanesa de res

Ingredientes para el gravy campesino:
- 4 Cdas mantequilla
- 4 Cdas **Harina Integrain de Trigo**
- 1¼ tazas de caldo de res
- 1 taza de leche
- sal y pimienta al gusto

Procedimiento:
1. **Para la milanesa:** Mezcle la harina con los condimentos. En un tazón aparte, bate los huevos y el agua.
2. Sazone la milanesa con sal y pimienta y golpee con un mazo para ablandar la carne.
3. Pase la carne por la harina, luego por el huevo, y nuevamente por la harina.
4. Fríe en una sartén con aceite caliente hasta que esté dorada, luego voltee, y fríe del otro lado hasta dorar. Sirva con gravy
5. **Para el gravy:** Derrita la mantequilla. Agregue la harina, revuelva, y cuece por un minuto. Agregue el caldo y la leche y bate.
6. Lleve a ebullición; agregue sal y pimienta al gusto y cuece unos min. más. Deje enfriar un poco. Vierta sobre la milanesa y sirva

Country Fried Steak

Ingredients for steak:
- 2 cups **Whole Wheat Integrain Flour**
- 1 tsp onion powder
- ¾ tsp paprika
- ¼ tsp cayenne pepper
- ¼ tsp salt
- 2 eggs
- ½ cup water
- ½ kg. thinly cut top round beef steaks

Ingredients for country gravy:
- 4 Tbsp butter
- 4 Tbsp **Whole Wheat Integrain Flour**
- 1¼ cups beef broth
- 1 cup milk
- salt and pepper to taste

Procedure:
1. **For country fried steak:** Mix flour with seasonings. In a separate bowl, whisk together eggs and water.
2. Season steaks with salt and pepper and pound thin with a meat mallet.
3. Dredge in flour, then in egg mixture and back in the flour again.
4. Fry in pan with hot oil until golden, then flip and fry on other side till golden. Serve with gravy.
5. **For gravy:** Melt butter. Add flour, stir, and cook for a min. Whisk in broth and milk.
6. Bring to a boil; add salt and pepper to taste and cook a few min. more. Let cool slightly. Pour over fried steak and serve.

Trigo Blanco | USA | Principal | 2

Pastel de Manzana

Ingredientes para el pastel:
- 1 taza aceite vegetal
- 1 ½ taza azúcar morena
- 2 tazas manzana rallada (puré manzana)
- 3 huevos
- 2 cditas vainilla
- 3 tazas **Harina de Trigo Integrain**
- ½ Cda canela
- ½ cdita polvo para hornear
- 1 cdita bicarbonato de sodio
- 1 cdita sal
- 1 taza nueces picadas

Ingredientes para el jarabe:
- 1 taza jugo de manzana
- 1 Cda maicena
- ½ taza azúcar morena
- ½ taza azúcar
- ½ taza mantequilla
- 1 cdita. vainilla

Procedimiento:
1. **Para el pastel:** Bate el aceite, el azúcar, la manzana rallada, los huevos y la vainilla.
2. Mezcle los ingredientes secos en un recipiente aparte y agréguelos la mezcla de ingredientes líquidos. Mezcle bien.
3. Vierta en un molde engrasado y enharinado de 9" x 13". Hornee a 175 °C por 40-45 min. o hasta que al insertar un palillo en el centro, éste salga limpio. Deje enfriar, luego corte en cuadrados. Sirva cada pieza con jarabe.
4. **Para el jarabe:** Mezcle todos los ingredientes en una cacerola y hierva, revolviendo constantemente. Retire del calor y deje enfriar. Vierta sobre las piezas de pastel.

Apple Cake

Ingredients for cake:
- 1 cup vegetable oil
- 1 ½ cup brown sugar
- 2 cups grated apple (or apple sauce)
- 3 eggs
- 2 tsp vanilla
- 3 cups **Whole Wheat Integrain Flour**
- ½ Tbsp cinnamon
- ½ tsp baking powder
- 1 tsp baking soda
- 1 tsp salt
- 1 cup chopped nuts

Ingredients for syrup topping:
- 1 cup apple juice
- 1 Tbsp cornstarch
- ½ cup brown sugar
- ½ cup sugar
- ½ cup butter
- 1 tsp. vanilla

Procedure:
1. **For Cake:** Whisk oil, sugar, grated apple, eggs, and vanilla.
2. Mix dry ingredients in a separate bowl and add to liquid ingredients. Mix well.
3. Pour into greased and floured 9" x 13" pan. Bake at 350 °F for 40-45 min or until toothpick inserted in center comes out clean. Allow to cool, then cut into squares.
4. **For topping:** Combine all ingredients in saucepan and bring to a boil stirring constantly. Remove from heat and let cool. Pour on individual cake squares.

Pan de Chocolate y Calabaza

Ingredientes:
- 1 taza azúcar
- 3 Cdas aceite
- 1 huevo
- 1 taza puré de calabaza
- 1 cdita extracto de vainilla
- taza **Harina de Trigo Integrain**
- ¼ taza cacao
- ½ cdita polvo para hornear
- ½ cdita bicarbonato de sodio
- ¼ cdita sal de mar
- ¼ cdita canela molida
- ¼ taza chispas de chocolate

Procedimiento:
1. Bate el azúcar, el aceite, y el huevo por 1-2 min. Agregue el puré de calabaza y la vainilla; mezcle bien para combinar.
2. Agregue los ingredientes secos y mezcle hasta incorporar. Vierta en un molde para pan, engrasado y enharinado, de 9 x 5 pulgadas.
3. Espolvoree con chispas de chocolate.
4. Hornee a 175 °C hasta que in palillo insertado salga limpio, de 40-45 min.

Chocolate Pumpkin Bread

Ingredients:
- 1 cup sugar
- 3 Tbsp oil
- 1 egg
- 1 cup pumpkin puree
- 1 tsp vanilla extract
- 1 cups **Whole Wheat Integrain Flour**
- ¼ cup cocoa
- ½ tsp baking powder
- ½ tsp baking soda
- ¼ tsp sea salt
- ¼ tsp cinnamon
- ¼ cup chocolate chips

Procedure:
1. Beat sugar, oil and egg for 1-2 min. Add pumpkin puree and vanilla; mix to combine.
2. Add dry ingredients and mix until combined. Pour into a greased and floured 9 x 5 inch loaf pan.
3. Sprinkle with chocolate chips.
4. Bake at 350 °F until an inserted toothpick comes out clean, about 40-45 min.

Brownies de Harina Integral

Ingredientes:
- ½ taza mantequilla
- 115gr. chocolate semidulce
- 1 cdita vainilla
- 1 taza azúcar
- 2 huevos
- 2 Cdas aceite vegetal
- 1 taza **Harina de Trigo Integrain**
- ⅓ taza nuez finamente picada

Procedimiento:
1. Troce el chocolate y colóquelo con la mantequilla en un recipiente resistente al calor. Derrita a baño maría hasta que quede completamente líquido.
2. Agregue la vainilla y el azúcar y mezcle bien. Deje enfriar un poco.
3. Cuando la mezcla ya no esté caliente, agregue los huevos y bate bien.
4. Agregue la harina y el aceite, y revuelva hasta incorporar.
5. Vierta y extienda la mezcla en un molde forrado con papel aluminio de 8 x 8" o 9 x 9." Espolvoree con nuez picada.
6. Hornee los brownies a 175 °C por 30-35 min, hasta que las orillas estén secas y se separen un poco del molde. Deje enfriar antes de cortar en cuadritos.

Whole Wheat Brownies

Ingredients:
- ½ cup butter
- 115 gr. semi-sweet chocolate
- 1 tsp vanilla
- 1 cup sugar
- 2 eggs
- 2 Tbsp vegetable oil
- 1 cup **Whole Wheat Integrain Flour**
- ⅓ cup finely chopped pecans

Procedure:
1. Chop chocolate, and place chocolate and butter in a heat safe bowl. Melt over a pot with simmering water, until smooth and completely melted.
2. Add vanilla and sugar and mix well. Cool slightly.
3. When mixture is no longer hot, add eggs and whisk well.
4. Add flour and oil, and stir until combined.
5. Pour and spread mixture into a foil-lined 8 x 8" or 9 x 9" pan. Sprinkle with chopped pecans.
6. Bake brownies at 350 °F for 30-35 min, until edges are dry and pull away from the pan slightly. Let cool before cutting into squares.

Trigo Blanco | Integrain | Postre | 16

Aatta Ka Doodh (Bebida de Trigo)

Ingredientes:
- 2 Cdas **Harina de Trigo Integrain**
- 2 Cdas mantequilla derretida
- 1 Cdas pasas
- 2 tazas leche
- 2 Cdas azúcar morena
- pizca sal
- ¼ cdita canela
- ¼ cdita extracto de vainilla

Procedimiento:
1. En una cacerola a fuego lento, tueste ligeramente la harina, revolviendo constantemente para evitar que se queme.
2. Agregue la mantequilla y mezcle con la harina.
3. Vierta lentamente la leche, batiendo para asegurarse de que no queden grumos.
4. Agregue las pasas y deje cocer un poco.
5. Agregue los ingredientes restantes. Caliente hasta que empiece a hervir.
6. Vierta en 2 tazas y decore con canela.

Aatta Ka Doodh (Wheat Beverage)

Ingredients:
- 2 Tbsp **Whole White Wheat Integrain Flour**
- 2 Tbsp melted butter
- 1 Tbsp raisins
- 2 cups milk
- 2 Tbsp brown sugar
- pinch of salt
- ¼ tsp cinnamon
- ¼ tsp vanilla extract

Procedure:
1. In a saucepan over low heat, lightly toast the flour, stirring constantly to prevent flour from burning.
2. Add butter and stir into flour.
3. Slowly pour in milk, whisking to make sure there are no lumps.
4. Add raisins and let cook a bit.
5. Add remaining ingredients. Heat until it starts to boil.
6. Pour into 2 cups and garnish with cinnamon.

Pan de Caja con Harina de Trigo Integral

Ingredientes:
- 3 kgs **Harina de Trigo Integrain**
- 6 ¼ tazas agua tibia
- ⅔ tazas aceite de olivo
- ⅔ tazas miel de abeja
- 3 Cda vinagre de manzana
- 3 Cda levadura
- 2 Cda sal de mar

Procedimiento:
1. Mezcle todos los ingredientes, excepto la harina.
2. Agregue la mitad de la harina y mezcle por 2 min.
3. Deje reposar la masa por 10 min.
4. Agregue el resto de la harina, o lo necesario para alcanzar la consistencia correcta. Amase por 5-10 min.
5. Divida la masa en 8 bolas redondas, cubra y deje reposar por 10 min.
6. Extienda las 8 bolas de masa y luego enrolle para formar troncos. Pellizque y doble los extremos hacia abajo.
7. Coloque las masas formadas en moldes para pan engrasados, y deje crecer al doble.
8. Hornee a 177 °C por 23-25 min.

Loaf Bread with Whole Wheat Flour

Ingredients:
- 3 kg **Integrain Whole Wheat Flour**
- 6 ¼ cups warm water
- ⅔ cups olive oil
- ⅔ cups honey
- 3 Tbsp apple cider vinegar
- 3 Tbsp yeast
- 2 Tbsp sea salt

Procedure:
1. Mix all ingredients except flour.
2. Add half of the flour and mix for 2 min.
3. Let the dough rest for 10 min.
4. Add the rest of the flour, or as much as necessary for correct consistency. Knead for 5-10 min.
5. Divide the dough into 8 round balls, cover and let rest for 10 min.
6. Roll out each ball of dough, roll it up to form a log, then pinch and fold in the ends
7. Place the loaves in greased bread pans, and let rise till double.
8. Bake at 350 °F. for 23-25 min.

Biscuits Integrales

Ingredientes:
- 2 ½ tazas **Harina de Trigo Integrain**
- 1 Cda polvo para hornear
- 2 cditas azúcar
- ½ cdita sal
- ½ taza mantequilla congelada y rallada
- 1 taza leche
- leche (para untar los biscuits)

Procedimiento:
1. Congele la mantequilla por 20 min. Precaliente el horno a 220 °C. y forre una charola para hornear con papel pergamino.
2. En un tazón, mezcle la harina, el polvo para hornear, el azúcar y la sal. Agregue la mantequilla congelada y rallada y mezcle con las manos o con un tenedor.
3. Agregue 1 taza de leche y mezcle con un tenedor, y luego amase hasta que la masa forme una bola. Si la masa queda muy seca agregue 1 a 2 Cdas de leche.
4. Coloque la masa sobre una superficie enharinada y aplane con las manos hasta formar un rectángulo de 1½" de grosor. Dobla la masa y vuelva a aplanar formando nuevamente el rectángulo. Repita este proceso de 4 a 6 veces, y luego extienda la masa hasta alcanzar 1" de grosor.
5. Use un cortador de galletas o una tapa redonda de 2" para cortar los biscuits. Reúna los restos, y extienda la masa por segunda y tercera vez hasta terminar de cortar todos los biscuits. Colóquelos en la charola para hornear forrado.
6. Unta la parte superior de los biscuits con leche. Hornee por 13 a 16 min, o hasta que las partes superiores estén ligeramente doradas.

Whole Grain Biscuits

Ingredients:
- 2 ½ cups **Whole Wheat Integrain Flour**
- 1 Tbsp baking powder
- 2 tsp sugar
- ½ tsp salt
- ½ cup frozen and grated butter
- 1 cup milk
- milk (for brushing on biscuits)

Procedure:
1. Freeze butter for 20 min. Preheat oven to 425 °F, and line a baking sheet with parchment paper.
2. In a bowl, combine the flour, baking powder, sugar and salt. Add the frozen and grated butter and mix using your hands or a fork.
3. Add 1 cup milk and mix with a fork until the dough comes together. If the dough seems very dry add 1 to 2 tbsp of milk.
4. Put the dough on a floured surface and pat into a 1½" thick rectangle. Fold the dough and pat it down again into 1½" thick rectangle. Repeat the folding process 4 to 6 times, then roll out the dough to 1" thick.
5. Use a 2" biscuit cutter or cover to cut out the biscuits. Gather the scraps and roll out the dough a second and third time to finish cutting out all of the biscuits. Place them on the lined baking sheet.
6. Brush the biscuits with milk. Bake for 13 - 16 min, until the tops are golden brown.

Trigo Blanco | USA | Pan | 8 pz

Cazuela de Desayuno con Huevo y Salchicha

Ingredientes:
- 8 huevos
- ½ taza leche
- ½ taza crema ácida
- ½ cdita sal de mar
- 2 tazas chorizo cocido
- ½ cdita pimentón
- ½ cdita ajo en polvo
- ¼ cdita pimienta negra
- 1 taza queso rallado
- 4 rebanadas de pan integral (página 282), cortado en cubos pequeños

Procedimiento:
1. Bate los huevos y agregue la leche, la crema ácida y los condimentos.
2. Incorpore el queso, la salchicha y el pan en cubos.
3. Vierta en una cazuela para hornear de 2 litros y hornee a 175 °C por 50-60 min o hasta que esté dorado y los huevos estén bien cocidos.

Egg and Sausage Breakfast Casserole

Ingredients:
- 8 eggs
- ½ cup milk
- ½ cup sour cream
- ½ tsp sea salt
- 2 cups cooked sausage
- ½ tsp paprika
- ½ tsp garlic powder
- ¼ tsp black pepper
- 1 cup shredded cheese
- 4 whole wheat bread slices (page 282), cut in small cubes

Procedure:
1. Whisk eggs and add milk, sour cream and seasonings.
2. Fold in cheese, sausage and cubed bread.
3. Pour into a 2-quart casserole dish and bake at 350 °F for 50-60 min or until golden brown and the eggs are cooked through.

GALLETAS DE TRIGO GERMINADO

Ingredientes:
- 1 ½ taza **Harina de Trigo Germinado Integrain**
- ¾ cdita sal de mar
- 1 cdita polvo para hornear
- ¼ taza mantequilla fría
- ½ taza leche

Procedimiento:
1. Mezcle los ingredientes secos.
2. Agregue la mantequilla fría e incorpore bien con las manos.
3. Agregue la leche.
4. Amase bien la masa.
5. Divide la masa por la mitad, forme 2 rectángulos, y envuélvelos en plástico. Deje reposar por 30 min.
6. Extienda la masa en una capa delgada, entre 2 hojas de papel pergamino.
7. Corte en cuadritos de 2" y colóquelos en una charola para hornear engrasado.
8. Cepille las galletas con aceite de oliva y espolvoree con sal de mar.
9. Hornee a 200 °C por 12-15 min o hasta que estén crujientes y dorados.

SPROUTED WHEAT CRACKERS

Ingredients:
- 1 ½ cup **Integrain Sprouted Wheat Flour**
- ¾ tsp sea salt
- 1 tsp baking powder
- ¼ cup cold butter
- ½ cup Milk

Procedure:
1. Mix all dry ingredients.
2. Add cold butter and work it in with your hands.
3. Add milk.
4. Knead the dough.
5. Divide the dough in half, make 2 rectangles, and wrap in plastic. Let rest for 30 min.
6. Roll out thin, between 2 sheets of parchment paper.
7. Cut in 2" squares and place on greased cookie sheet.
8. Brush with olive oil and sprinkle with sea salt.
9. Bake at 400 °F for 12-15 min. or until crisp and golden.

Masa para Pizza de Trigo Germinado

Ingredientes:
- 5 ⅔ tazas **Harina de Trigo Germinado**
- 2 cditas sal
- 2 cditas levadura instantánea
- 2 ¾ tazas agua tibia
- 2 Cdas aceite de oliva

Procedimiento:
1. En un tazón grande, mezcle la harina, la sal, y la levadura. Agregue el agua y el aceite de oliva y revuelva hasta que se forme una masa húmeda. Mezcle con las manos mojadas hasta que la masa esté suave y espesa. Deje reposar, destapado, por 5 min.
2. Engrase sus manos con aceite. Extienda la masa sobre una superficie engrasada y dóblela sobre sí misma. Deje reposar 5 min y vuelve a doblar. Repita el proceso, doblando y reposando un total de 6 veces.
3. Coloque la masa en un recipiente engrasado, rocíe con aceite vegetal y cubra con envoltura de plástico. Repose la masa por 2 horas o hasta que doble su tamaño.
4. Divida la masa en 5 partes iguales y forme bolas. Cubra y deje reposar por 1-2 horas.
5. Precaliente el horno a 200 °C. Aplane cada bola de masa hasta formar un disco plano, luego levante y gírela al tamaño y grosor deseados.
6. Coloque la masa en una charola para hornear forrada con papel pergamino. Unta con salsa para pizza y agregue los ingredientes deseados. Hornee por 5 - 7 min. o hasta que estén doradas. Repita este paso para las demás masas.

Sprouted Wheat Flat-bread

Ingredients:
- 5 ⅔ cups **Sprouted Wheat Flour**
- 2 tsp salt
- 2 tsp instant yeast
- 2 ¾ cups lukewarm water
- 2 Tbsp olive oil

Procedure:
1. In a large bowl, stir together flour, salt, and yeast. Add water and olive oil and stir until a wet dough forms. Mix with wet hands until dough is smooth and thick. Let dough rest, uncovered, for 5 min.
2. Oil your hands. Stretch dough out on an oiled surface and fold the dough over itself. Allow to rest for 5 min and fold again. Repeat this process, folding and resting, a total of 6 times.
3. Place the dough in an oiled bowl, spray with vegetable oil and cover with plastic wrap. Allow dough to rise for 2 hours or until doubled.
4. Divide dough into 5 equal pieces and form into balls. Cover and proof for 2 hours.
5. Preheat oven to 400 °F. Press each ball of dough into flat disk, then lift and spin to desired size and thickness.
6. Place shaped dough on parchment-lined baking sheet. Spread with pizza sauce and add toppings. Bake for 5 to 7 min until golden brown. Repeat for other flat-breads.

Bollos para Hamburguesa de Trigo Germinado

Ingredientes para la masa:
- ¼ + 2 tazas agua tibia
- 1 cdita + ¼ taza miel de abeja
- 2 cditas levadura
- 6 ½ tazas **Harina de Trigo Germinado Integrain**
- 2 Cdas mantequilla derretida
- 2 cditas sal de mar
- 1 huevo

Ingredientes para cubrir bollos:
- 1 clara de huevo
- semillas de ajonjolí
- 1 Cda agua

Procedimiento:
1. Mezcle ¼ taza de agua, 1 cdita de miel, y la levadura y deje reposar por 5 min.
2. En otro recipiente, mezcle 2 tazas de agua, 1/4 taza de miel, la mantequilla, la sal, y el huevo. Agregue la mezcla de levadura y mezcle bien.
3. Agregue 6 tazas de harina de trigo germinado. Amase y agregue gradualmente ½ taza de harina más. Amase a mano por 9 min, y luego deje reposar por 10 min.
4. Amase otros 5 min. y luego deje crecer hasta que doble su tamaño.
5. Forme bollos y deje crecer nuevamente hasta que alcancen el tamaño deseado.
6. Hornee a 200 °C por 30-45 min.
7. Bate la clara de huevo con 1 Cda de agua, y cepille esta mezcla sobre las tapas de los bollos, y luego espolvoree con semillas de ajonjolí. Hornee de nuevo hasta que estén dorados, sáquelos del horno, e inmediatamente cepille con mantequilla.

Sprouted Wheat Hamburger Buns

Ingredients for dough:
- ¼ + 2 cups warm water
- 1 tsp + ¼ cup honey
- 2 tsp yeast
- 6 ½ cups **Integrain Sprouted Wheat Flour**
- 2 Tbsp melted butter
- 2 tsp sea salt
- 1 egg

Ingredients for bun tops:
- 1 egg white
- sesame seeds
- 1 Tbsp water

Procedure:
1. Mix ¼ cup of water, 1 tsp honey, and yeast and let rest for 5 min.
2. In another bowl, mix 2 cups of water, 1/4 cup honey, butter, salt, and egg. Add the yeast mixture and mix well.
3. Add 6 cups of sprouted wheat flour. Knead and gradually add ½ cup more flour. Knead by hand for 9 min, then let dough rest for 10 min.
4. Knead another 5 min, then let rise until double in size.
5. Shape into buns and let rise again to desired size.
6. Bake at 400 °F for 30-45 min.
7. Whisk egg white with 1 Tbsp of water, brush this mixture over the bun tops and sprinkle with sesame seeds. Bake again to golden brown, remove from oven, and immediately brush buns with butter.

GALLETAS DE AVENA Y TRIGO GERMINADO

Ingredientes:
- 1 taza azúcar morena
- ¾ taza azúcar granulada
- 2 huevos grandes
- 1 taza mantequilla suavizada
- 1 cdita vainilla
- 2 ¼ taza **Harina de Trigo Germinado Integrain**
- 1 cdita sal
- 1 cdita bicarbonato de sodio
- 1 taza **Avena Rolada Integrain**
- 1 taza arándanos secos

Procedimiento:
1. Bate el azúcar y los huevos. Agregue la mantequilla y sigue batiendo.
2. Agregue los ingredientes restantes y mezcle bien.
3. Forme bolitas con la masa y colóquelas en una charola para hornear galletas.
4. Hornee a 200 °C por 7 min o hasta que las orillas estén ligeramente doradas.

SPROUTED WHEAT AND OATMEAL COOKIES

Ingredients:
- 1 cup brown sugar
- ¾ cup granulated sugar
- 2 large eggs
- 1 cup butter, softened
- 1 tsp vanilla
- 2 ¼ cups **Integrain Sprouted Wheat Flour**
- 1 tsp salt
- 1 tsp baking soda
- 1 cup **Integrain Rolled Oats**
- 1 cup craisins

Procedure:
1. Whisk sugar and eggs. Add butter and continue whisking.
2. Add the rest of the ingredients and mix well.
3. Form small balls with the dough and put them on a cookie sheet.
4. Bake at 400 °F for 7 min or until edges are golden brown.

Pan de Trigo Germinado

Ingredientes:
- 8 tazas **Harina de Trigo Germinado Integrain**
- 1 cdita miel
- 1 cdita levadura
- 2 ¼ taza agua tibia
- 1 cdita sal de mar
- ½ taza de aceite de coco

Procedimiento:
1. En un tazón, mezcle 1 taza de harina de trigo germinado, ¼ taza de agua tibia, la miel y la levadura. Deje reposar por 5 min.
2. Mientras tanto, en un tazón aparte, mezcle 2 tazas de agua tibia, la sal, y el aceite.
3. Agregue la mezcla de levadura y 7 tazas de harina de trigo germinado.
4. Amase por 7 min, y luego deje reposar la masa por 10 min.
5. Amase por otros 2-3 min, y luego deje que la masa crezca al doble de su tamaño.
6. Forme 2 panes y déjelos crecer en moldes para pan engrasados.
7. Hornee a 200 °C por 45 min.

Sprouted Wheat Bread

Ingredients:
- 8 cups **Integrain Sprouted Wheat Flour**
- 1 tsp honey
- 1 tsp yeast
- 2 ¼ cups warm water
- 1 tsp sea salt
- ½ cup coconut oil

Procedure:
1. In a bowl, mix 1 cup of sprouted wheat flour, ¼ cup of warm water, honey and yeast. Let rest for 5 min.
2. Meanwhile, in a separate bowl, whisk together 2 cups of warm water, salt, and oil.
3. Add yeast mixture and 7 cups of sprouted wheat flour.
4. Knead for 7 min, then let the dough rest for 10 min.
5. Knead for another 2-3 min, then let the dough rise until double in size.
6. Form 2 loaves and let them rise in greased loaf pans.
7. Bake at 200 ° C for 45 min.

Biscuits de Trigo Germinado con Cebolla

Ingredientes:
- 2 tazas **Harina de Trigo Germinado Integrain**
- 1 ½ tazas **Harina de Trigo Integrain**
- ½ cdita sal
- 5 cditas polvo para hornear
- 115 gr mantequilla, rallada y congelada
- 1 taza suero de leche frío
- ⅔ taza cebollas verdes picadas
- 1 taza queso Manchego rallado

Procedimiento:
1. Precaliente el horno a 220 °C.
2. Forre una charola para hornear con papel pergamino.
4. Combine las harinas, la sal y el polvo para hornear en un tazón pequeño.
5. Agregue la mantequilla rallada y congelada. Mezcle bien con un tenedor.
6. Agregue el suero de leche. Mezcle hasta incorporar, y luego amase ligeramente sobre una superficie enharinada.
7. Extienda la masa hasta formar un rectángulo grueso y luego corte en círculos o en cuadrados. Colóquelos en la charola forrada, y luego en el horno.
8. Hornee por unos 10-15 min. o hasta que los biscuits se levanten y estén doradas.

Sprouted Wheat Biscuits with Onion

Ingredients:
- 2 cups **Integrain Sprouted Wheat Flour**
- 1 ½ cups **Integrain Wheat Flour**
- ½ tsp salt
- 5 tsp baking powder
- 115 g salted butter, grated and frozen
- 1 cup chilled buttermilk
- ⅔ cup chopped green onions
- 1 cup grated Manchego cheese

Procedure:
1. Preheat oven to 425 °F.
2. Line a baking sheet with parchment paper.
3. Remember to keep all ingredients chilled and work quickly.
4. Combine flours, salt, and baking powder in a small bowl.
5. Add frozen grated butter. Blend well with a fork.
6. Add in the buttermilk. Mix to combine, then turn dough out onto a floured counter-top and knead gently.
7. Roll out the dough into a thick rectangle and cut into squares or circles. Place on parchment lined baking sheet, and then in the oven.
8. Bake for about 10-15 min. or until biscuits are beautifully risen and golden brown.

Tortillas de Harina de Trigo Germinado

Ingredientes:
- 2 ½ tazas **Harina de Trigo Germinado Integrain**
- 1 cdita sal de mar
- ½ taza mantequilla fría
- ¾ taza agua caliente

Procedimiento:
1. Combine la harina y la sal.
2. Agregue la mantequilla y el agua caliente y mezcle hasta incorporar.
3. Haga 12 bolitas de la masa, y deje reposar 10 min. antes de extenderlas.
4. Cuece en un comal caliente por 30 segundos de cada lado.

Sprouted Wheat Flour Tortillas

Ingredients:
- 2 ½ cups **Integrain Sprouted Wheat Flour**
- 1 tsp sea salt
- ½ cup cold butter
- ¾ cup hot water

Procedure:
1. Combine flour and salt.
2. Add butter and hot water and mix to combine.
3. Make 12 balls with the dough, and let rest for 10 min. before rolling out.
4. Cook on hot griddle for 30 seconds on each side.

Muffins de Plátano y Chocolate

Ingredientes:
- 1 ½ tazas puré de plátanos maduros
- ⅔ taza aceite
- 1 taza azúcar morena
- 1 cdita extracto de vainilla
- 2 huevos a temperatura ambiente
- 1 taza **Harina de Trigo Germinado Integrain**
- 1 taza **Harina de Trigo Integrain**
- 1 pizca sal
- ½ cdita bicarbonato de sodio
- 1 ½ cdita polvo para hornear
- 1 taza chispas de chocolate amargo

Procedimiento:
1. Precaliente el horno a 175 °C, y llene un molde para muffins con capacillos de papel.
2. En un tazón grande, mezcle el puré de plátano, el azúcar, la vainilla y los huevos.
3. En otro tazón, mezcle la harina, la sal, el polvo para hornear, y el bicarbonato.
4. Vierta los ingredientes secos en el recipiente con los ingredientes líquidos y revuelva hasta incorporar. Añade las chispas de chocolate y revuelva suavemente.
5. Distribuya la masa en los moldes para muffins y hornee de 20 a 25 min. o hasta que un palillo insertado en el centro salga limpio.
6. Deje enfriar por 5 min, luego retírelos del molde, y enfríe completamente.

Banana Chocolate Muffins

Ingredients:
- 1 ½ cups ripe, mashed bananas
- ⅔ cup oil
- 1 cup light brown sugar
- 1 tsp vanilla extract
- 2 large eggs at room temperature
- 1 cup **Integrain Sprouted Wheat Flour**
- 1 cup **Integrain Wheat Flour**
- 1 pinch of salt
- ½ tsp baking soda
- 1 ½ tsp baking powder
- 1 cup dark chocolate chips

Procedure:
1. Preheat oven to 350 °F and line a muffin tin with paper cups.
2. In a large bowl, whisk together the bananas, sugar, vanilla, and eggs.
3. In another bowl, stir together the flours, salt, baking powder, and baking soda.
4. Dump the dry ingredients into the bowl with the liquid ingredients and stir until combined. Fold in the chocolate chips.
5. Distribute the batter into the muffin cups, then bake for 20 to 25 min or until a toothpick inserted into the center comes out clean.
6. Let cool for 5 min then remove from the muffin tin and cool completely.

Pretzels Integrales

Ingredientes para la masa:
- 1 taza leche tibia
- ½ taza agua tibia
- 1 Cda azúcar moreno
- 2 ¼ cditas levadura
- 2 Cdas mantequilla, derretida
- 1 ¼ cditas sal
- 3 tazas **Harina de Trigo Integrain**

Ingredientes adicionales:
- 8 tazas agua
- 1 huevo
- 1 Cda agua
- 2 Cdas de bicarbonato de sodio
- sal de mar gruesa
- mantequilla derretida

Procedimiento:
1. Mezcle todos los ingredientes para la masa y amase por 8 min.
2. Deje crecer por 1-1 ½ horas.
3. Forme 12 pretzels y colóquelos en charolas para hornear forradas con papel pergamino.
4. Deje crecer por 30 min. Mientras tanto, hierva 8 tazas de agua con el bicarbonato.
5. Sumerja los pretzels en el agua hirviendo por 10 segundos. Colóquelas de nuevo en las charolas para hornear.
6. Bate el huevo con 1 Cda de agua y cepillar sobre los pretzels. Espolvoree con sal.
7. Hornee a 200 °C por 18-20 min o hasta que estén dorados. Cepille con mantequilla derretida. Sirva caliente o tibio.

Whole Grain Pretzels

Dough Ingredients:
- 1 cup warm milk
- ½ cup warm water
- 1 Tbsp brown sugar
- 2 ¼ tsp yeast
- 2 Tbsp butter, melted
- 1 ¼ tsp salt
- 3 cups **Integrain Whole Wheat Flour**

Additional Ingredients:
- 8 cups water
- 1 egg
- 1 Tbsp water`
- 2 Tbsp baking soda
- coarse sea salt for sprinkling
- melted butter

Procedure:
1. Mix all dough ingredients and knead for 8 min.
2. Let rise for 1-1½ hours.
3. Shape into 12 pretzels and place on parchment-lined baking sheets.
4. Let rise for 30 min. Meanwhile, bring 8 cups of water with the baking soda to a boil.
5. Dip pretzels in boiling water for 10 seconds. Transfer back to baking sheets.
6. Whisk egg with 1 Tbsp of water and brush on pretzels. Sprinkle with salt.
7. Bake at 400 °F for 18-20 min or until golden. Brush with additional melted butter. Best served warm.

CREMA DE PAPA ASADA

Ingredientes:
- 1 Cda de aceite
- ½ cebolla, picada
- 2 dientes ajo picados
- 3 tazas papas en cubitos
- 5 tazas caldo de pollo o agua
- 1 cdita perejil seco
- 4 Cdas mantequilla
- 4 Cdas **Harina de Trigo Integrain**
- 1½ tazas leche entera
- 1 cdita sal
- ¼ cdita pimienta negra
- ½ taza crema ácida
- ½ taza tocino frito en trozos
- ½ taza queso para nachos

Procedimiento:
1. Fríe la cebolla en el aceite hasta que estén transparentes. Agregue el ajo y cuece por 1 min.
2. Agregue el caldo de pollo o agua y las papas. Cuece hasta que las papas estén tiernas.
3. Mientras tanto, en otra cacerola, derrita la mantequilla, luego agregue la harina.
4. Cuece 1 minuto revolviendo constantemente. Vierta lentamente la leche. Agregue la sal y la pimienta. Lleve a ebullición, y luego agregue los ingredientes restantes.
5. Agregue esta mezcla al caldo de pollo con papas. Calienta hasta que empiece a hervir. Sirva caliente.

LOADED BAKED POTATO SOUP

Ingredients:
- 1 Tbsp oil
- ½ onion, chopped
- 2 garlic cloves, minced
- 3 cups potatoes, diced
- 5 cups chicken broth or water
- 1 tsp dried parsley
- 4 Tbsp butter
- 4 Tbsp **Integrain Whole Red Wheat Flour**
- 1½ cups whole milk
- 1 tsp salt
- ¼ tsp black pepper
- ½ cup sour cream
- ½ cup fried bacon
- ½ cup cheese whiz

Procedure:
1. Fry onion in oil until transparent. Add garlic and cook 1 min.
2. Add chicken broth or water and potatoes. Cook until potatoes are tender.
3. Meanwhile, in another saucepan, melt butter, then add flour.
4. Cook a min. stirring constantly. Slowly pour in milk. Add salt and pepper. Bring to a boil, then add remaining ingredients.
5. Add this mixture to the chicken broth with potatoes. Heat until it starts to boil. Serve hot.

 Trigo Rojo
 USA
 Entrada 8

Masa para Pizza de Trigo Integral

Ingredientes:
- 1 Cda levadura
- 1 ½ Cdas azúcar
- 1 ⅓ tazas agua tibia
- 1 ½ Cdas aceite
- ½ cdita sal de mar
- ¼ cdita ajo en polvo
- ¼ cdita orégano seco
- 3 tazas **Harina de Trigo Integrain**
- 1-2 Cdas **Harina de Maíz Nixtamalizado Integrain**

Procedimiento:
1. Mezcle la levadura, el azúcar y el agua. Deje reposar hasta que burbujee, (5-10 min.)
2. Agregue los ingredientes restantes y amase la masa hasta que quede suave y elástica, (5 - 8 min.)
3. Cubra y deje crecer hasta el doble en tamaño, (1-1½ horas.)
4. Divida en 2 partes iguales. Extienda y póngalas en una charola para pizza engrasada y enharinada con harina de maíz nixtamalizado. Pique toda la superficie con un tenedor.
5. Hornee a 220 °C por 6 min.
6. Agregue su salsa para pizza e ingredientes favoritos y hornee por 15 min más.

Whole Wheat Pizza Crust

Ingredients:
- 1 Tbsp yeast
- 1 ½ Tbsp sugar
- 1 ⅓ cups warm water
- 1 ½ Tbsp oil
- ½ tsp sea salt
- ¼ tsp garlic powder
- ¼ tsp dried oregano
- 3 cups **Whole Red Integrain Wheat Flour**
- 1-2 Tbsp of **Integrain Nixtamalized Corn Four**

Procedure:
1. Mix yeast, sugar and water. Let rest until bubbly, (5-10 min.)
2. Add remaining ingredients and knead the dough until smooth and elastic, (5-8 min.)
3. Cover and let rise until double, (1-1½ hours.)
4. Divide into 2 equal pieces. Roll out and place in a greased pizza pan that has been sprinkled with nixtamalized corn flour. Pierce surface evenly with a fork.
5. Bake at 425 °F for 6 min.
6. Add your favorite pizza sauce and toppings and bake for an additional 15 min.

 Italia   Principal   16

Base para Pay Integral

Ingredientes:
- 3 tazas de **Harina de Trigo Integrain**
- 230 g de mantequilla
- 4 yemas de huevo
- ¼ cdita sal
- 1 taza azúcar

Procedimiento:
1. Mezcle bien todos los ingredientes, y ponga la mitad de la mezcla en un molde para pay grande.
2. Presione uniformemente la mezcla en el fondo y los lados del molde. Refrigere por 20 min.
3. Hornee a 175 °C por 10-15 min, saque y enfríe.
4. La base para pay está lista para rellenar con su relleno de pay favorito (manzana, cereza, frambueza, mora azul, fresa, queso crema, etc.)
5. Si usted lo desea, puede usar la otra mitad de la mezcla para espolvorearlo arriba del relleno antes de hornear, y así formar una cobertura crujiente. O bien, puede usarlo para una segunda base.

Whole Wheat Pie Crust

Ingredients:
- 3 cups of **Integrain Red Wheat Flour**
- 2 bars (230 gr) of butter
- 4 egg yolks
- 1 cup sugar
- ¼ tsp salt

Procedure:
1. Mix all ingredients well, and put half of the mixture in a large pie dish.
2. Press mixture evenly on the bottom and sides of pan. Refrigerate for 20 min.
3. Bake for 10-15 min at 350 °F, and cool.
4. Pie crust is ready to fill with your favorite pie filling (apple, cherry, raspberry, blueberry, strawberry, cheesecake, etc)
5. If desired, you can use the other half of the mixture to sprinkle on top of the filling before baking, to form a crispy topping. Or you can use it for a second pie crust.

Pan Integral de Harina de Trigo Rojo

Ingredientes:
- 16 onzas **Harina de Trigo Integrain**
- 2 tazas agua tibia
- 2 cditas levadura
- 2 Cdas miel
- 2 Cdas aceite
- 1 cditas sal
- 1 cditas vinagre de sidra de manzana

Procedimiento:
1. Mezcle 1 taza de agua tibia con la levadura y la miel.
2. Deje reposar hasta que burbujee, unos 10 min.
3. Agregue los ingredientes restantes. Mezcle bien y deje crecer, tapado, por 2 horas.
4. Oprimir la masa hacia abajo, y luego deje reposar por 20 min.
5. Forme la masa y póngalo en un molde para pan engrasado.
6. Deje crecer otras 2 horas. Hornee a 230 °C por 20 min y luego a 200 °C por 10 min.

Whole Red Wheat Flour Bread

Ingredients:
- 16 ounce **Integrain Whole Wheat Flour**
- 2 cups warm water
- 2 tsp yeast
- 2 Tbsp honey
- 2 Tbsp oil
- 1 tsp salt
- 1 tsp apple cider vinegar

Procedure:
1. Mix 1 cup of warm water with the yeast and honey.
2. Let rest until bubbly, about 10 min.
3. Add remaining ingredients. Mix well and let rise, covered, for 2 hours.
4. Punch down, then let rest for 20 min.
5. Form a loaf and put in greased loaf pan.
6. Let rise another 2 hours. Bake at 450 °F for 20 min then at 400 °F for 10 min.

Pan de Máquina Integral

Ingredientes:
- ⅓ taza aceite de oliva
- 350 ml. agua tibia
- ⅓ taza miel de abeja
- 1 cdita sal de mar
- 4 tazas **Harina de Trigo Integrain**
- 1 cdita levadura

Procedimiento:
1 Vierta el aceite en el molde de la maquina.
2. Disuelva la miel y la sal en el agua tibia. Vierta en el molde.
3. Añade la harina, y al final la levadura.
4. Inserte el molde a la maquina y seleccionar la opción: "Integral 900gr.", e iniciar el siclo.
5. Deje enfriar antes de rebanar.

Whole Wheat Machine Bread

Ingredients:
- ⅓ cup olive oil
- 350 ml. warm water
- ⅓ cup honey
- 1 tsp sea salt
- 4 cups **Integrain Wheat Flour**
- 1 tsp yeast

Procedure:
1. Pour the oil into the machine pan.
2. Dissolve the honey and salt it in the warm water. Pour into the pan
3. Add the flour, and finally the yeast.
4. Insert the pan into the machine and select the option: "Whole wheat, 900 gr.", and start the cycle.
5. Let cool before slicing.

Cazuela de Torrijas Con Especias de Calabaza

Ingredientes para las torrijas:
- 500-600 gr pan integral en cubos (página 282)
- 6 huevos
- 1½ tazas leche

Ingredientes para la cobertura streusel:
- 2 tazas puré de calabaza
- 1 Cda especias de calabaza
- 2 cditas extracto de vainilla
- ¼ cdita sal
- ½ cdita canela
- ½ taza miel o azúcar morena
- 6 Cdas mantequilla, fría
- ½ taza azúcar morena
- ½ taza **Harina de Trigo Integrain**
- 1 cdita canela
- ½ taza nuez pecanera picada
- azúcar glass para espolvorear

Procedimiento para las torrijas:
1. Ponga los cubos de pan en una bandeja para hornear engrasada de 9 x 13 pulgadas.
2. Bate los huevos y la leche. Vierta sobre los cubos de pan, cubriendo completamente.
3. Cubra y refrigere durante la noche. Saque 30 min antes de hornear.

Procedimiento para la cobertura de streusel:
4. Ralle la mantequilla fría y mezcle con los ingredientes secos. Agregue la nuez picada.
5. Espolvoree sobre la cazuela y hornee tapado por 20 min. a 175 °C.
6. Destape y hornee por otros 25-30 min, hasta que esté bien cocido.
7. Espolvoree con azúcar glass. Sirva con jarabe de maple y crema batida.

Pumpkin Spice French Toast Casserole

Ingredients for French toast:
- 500-600 gr cubed bread (see recipe 282 for wheat flour bread),
- 6 eggs
- 1½ cups milk

Ingredients for streusel topping:
- 2 cups pumpkin puree
- 1 Tbsp pumpkin spice
- 2 tsp vanilla extract
- ¼ tsp salt
- ½ tsp cinnamon
- ½ cup honey or brown sugar
- 6 Tbsp butter, cold
- ½ cup brown sugar
- ½ cup **Integrain Wheat Flour**
- 1 tsp cinnamon
- ½ cup chopped pecans
- powdered sugar for dusting

Procedure for French toast:
1. Add bread cubes to a greased 9 x 13 inch baking dish.
2. Whisk eggs and milk together. Pour over bread cubes, covering evenly.
3. Cover and refrigerate overnight. Take out 30 min prior to baking.

Procedure for streusel topping:
4. Grate the cold butter and mix into the dry ingredients. Add pecans.
5. Sprinkle over casserole and bake, covered for 20 min. at 350 °F.
6 Uncover and bake for another 25-30 min, until cooked through.
7. Dust with powdered sugar. Serve with maple syrup and whipped cream.

Blini Ruso con Harina de Trigo Sarraceno

Ingredientes para los blini:
- 380 ml leche tibia
- 1 cdita azúcar
- 6 gr levadura seca activa
- 200gr. **Harina de Trigo Sarraceno Integrain**
- ⅓ taza **Harina de Espelta Integrain**
- 1 cdita sal
- 1 huevo

Ingredientes para la cobertura:
- 160 gr queso crema, suavizado
- 2 Cdas crema ácida
- 3 cditas salsa de soya
- 1 Cda eneldo picado
- salmón ahumado
- rodajas de limón

Procedimiento:
1. Mezcle la leche tibia con el azúcar y la levadura. Deje reposar por 5 min hasta que esté espumoso. Agregue las harinas, la sal y los huevos y mezcle. Deje reposar la masa, cubierta con un paño, en un lugar cálido por 45 min – 1 hora.
2. Prepare la cobertura mezclando enérgicamente el queso crema, la crema ácida, la salsa de soya y el eneldo picado. Deje reposar la mezcla por 40 min hasta que burbujee.
3. Engrase un sartén antiadherente con aceite de oliva o mantequilla. Caliente el sartén, y luego agregue una pequeña cantidad de masa. Cuece por 2 min. por cada lado a fuego bajo.
4. Sirva untados con la cobertura de queso crema, las rebanadas de salmón ahumado y las rodajas de limón.

Russian Blini with Buckwheat Flour

Ingredients for blini:
- 380 ml warm milk
- 1 tsp sugar
- 6 g active dry yeast
- 200 gr. **Integrain Buckwheat Flour**
- ⅓ cup **Integrain Spelt Flour**
- 1 tsp salt
- 1 egg

Ingredients for topping:
- 160 g cream cheese, softened
- 2 Tbsp sour cream
- 3 tsp soy sauce
- 1 Tbsp chopped dill
- smoked salmon
- lemon slices

Procedure:
1. Mix warm milk with sugar and yeast. Let rest for 5 min until foamy. Add flours, salt, and eggs and mix. Allow dough to rest, covered with a cloth, in a warm place for 45 min – 1 hour.
2. Prepare the topping by vigorously mixing cream cheese, sour cream, soy sauce and minced dill. Allow mixture to rest for 40 min until bubbly.
3. Grease a non-stick pan with olive oil or butter. Heat the pan, then and add a small a mount of batter. Cook for 2 min on each side over low heat.
4. Serve with cream cheese spread, slices of smoked salmon and slices of lemon.

 Rusia   Aperitivo   12 pz

Pollo Frito Coreano

Ingredientes para el pollo frito:
- 1 kg pechuga de pollo deshuesada
- 3 huevos, ligeramente batidos
- 3 Cdas agua
- 1 ½ tazas **Harina de Trigo Sarraceno**
- 4 Cdas de maicena
- ½ cdita ajo en polvo
- ¼ cdita pimienta de cayena
- ¼ cdita pimienta negra
- ½ cdita sal
- aceite para freír

Ingredientes para la salsa dulce y picante:
- ¼ taza salsa de tomate
- 2 Cdas salsa picante
- ¼ taza miel
- 2 Cdas azúcar moreno
- ⅓ taza salsa de soja o salsa tamari
- ¼ taza agua
- 1 cdita ajo en polvo
- ¼ de cdita pimiento rojo triturado
- 2 cditas aceite de canola
- sal al gusto
- semillas de ajonjolí para decorar
- cebolla verde para decorar

Procedimiento para el pollo frito:
1. Corte el pollo en trozos de 3-4 cm y sazone con sal y pimienta.
2. Bate los huevos con el agua. Luego, en otro tazón, mezcle los ingredientes secos.
3. Pase las piezas de pollo por la mezcla de harina, luego por la mezcla de huevo, y nuevamente por la mezcla de harina.
4. Fríelos en aceite caliente hasta que esté cocido.
5. **Procedimiento para la salsa:** Mezcle los ingredientes y cuece a fuego lento.
6. Retire del fuego. Vierta sobre el pollo frito y revuelva para cubrir uniformemente.
7. Espolvoree con semillas de sésamo y cebollas verdes picadas.

Korean Fried Chicken

Fried Chicken Ingredients:
- 1 kg chicken breast, boneless
- 3 eggs, lightly beaten
- 3 Tbsp water
- 1 ½ cups **Integrain Buckwheat Flour**
- 4 Tbsp cornstarch
- ½ tsp garlic powder
- ¼ tsp cayenne pepper
- ¼ tsp black pepper
- ½ tsp salt
- oil for frying

Sweet & Spicy Sauce Ingredients:
- ¼ cup ketchup
- 2 Tbsp hot sauce
- ¼ cup honey
- 2 Tbsp brown sugar
- ⅓ cup soy sauce or tamari sauce
- ¼ cup water
- 1 tsp garlic powder
- ¼ tsp crushed red pepper flakes
- 2 tsp canola oil
- salt to taste
- sesame seeds for garnish
- green onion for garnish

Procedure for fried chicken:
1. Cut chicken in 3-4 cm chunks and season with salt and pepper.
2. Beat the eggs with water. Then, in a separate bowl, mix dry ingredients.
3. Dredge chicken in flour mixture, then in egg mixture and back in flour mixture.
4. Fry in hot oil until done.
5. **Procedure for sauce:** Mix sauce ingredients and bring to a simmer.
6. Remove from heat. Pour over fried chicken; toss to coat evenly.
7. Sprinkle with sesame seeds and chopped green onions.

Pastel de Lentejas Vegano

Ingredientes para el pastel:
- 2 Cdas aceite
- ½ cebolla, picada
- 2 tallos de apio, cortados en cubitos
- 1 zanahoria grande, cortada en cubitos
- ½ pimiento rojo, cortado en cubitos
- 3 Cdas semillas de linaza molidas
- ¼ cdita ajo en polvo •
- 6 Cdas agua
- 1 taza lentejas cocidas
- 1 lata champiñones (205 gr escurridos)
- ½ taza nuez finamente picada
- ¼ taza semillas de girasol
- un puño de tus hierbas frescas favoritas
- ½ taza **Harina de Trigo Sarraceno**
- 2 Cdas pasta de tomate
- 2 Cdas salsa de soya o salsa tamari
- ½ cdita paprika
- 1 cdita sal
- ¼ cdita pimienta negra

Ingredientes para la cobertura:
- ¼ taza de salsa de tomate
- ¼ taza de salsa barbacoa
- 1 Cda de salsa de soya o tamari
- 1 Cda de jarabe de maple

Procedimiento para el pastel:
1. Fríe la cebolla, el apio y la zanahoria en aceite. Agregue los pimientos rojos.
2. Fríe por 10 min. Ponga ½ de las lentejas en la licuadora con los champiñones, la nuez y las semillas de girasol. Licue hasta que esté suave. Mezcla la linaza con agua.
3. Mezcle todos los ingredientes. Hornee en un molde engrasado a 190 °C por 30 min.
4. **Cobertura:** Mezcle los ingredientes y extienda sobre el pastel. Hornee otros 30 min.
5. Deje reposar 20 min. antes de rebanar. Sirva caliente o frío.

Vegan Lentil Loaf

Ingredients for loaf:
- 2 Tbsp oil
- ½ onion, diced
- 2 large stalks celery, diced
- 1 large carrot, diced
- ½ large red pepper, diced
- 3 Tbsp ground flax seed
- ¼ tsp garlic powder •
- 6 Tbsp water
- 1 cup cooked lentils
- 1 can mushrooms (205 gr drained)
- ½ cup finely chopped walnuts
- ¼ cup sunflower seeds
- Handful of your favorite fresh herbs
- ½ cup **Integrain Buckwheat Flour**
- 2 Tbsp tomato paste
- 2 Tbsp soy sauce or tamari sauce
- ½ tsp paprika
- 1 tsp salt
- ¼ tsp black pepper

Ingredients for topping:
- ¼ cup ketchup
- ¼ cup barbecue sauce
- 1 Tbsp soy sauce or tamari
- 1 Tbsp maple syrup

Procedure for loaf:
1. Fry onion, celery and carrot in oil, then add red peppers.
2. Fry for 10 min. Put ½ of the lentils in a blender with the mushrooms, walnuts, and sunflower seeds. Blend until smooth. Mix flax seed with water.
3. Mix all ingredients. Bake in greased loaf pan at 375 °F for 30 min.
4. **Topping:** Mix topping ingredients and spread on loaf. Bake an additional 30 min.
5. Let stand 20 min. before cutting. Serve hot or cold.

Pan de Plátano con Harina de Trigo Sarraceno

Ingredientes:
- 2 huevos grandes
- 1 ¾ tazas **Harina de Trigo Integrain**
- 1 cdita polvo para hornear
- ½ cdita bicarbonato de sodio
- ¼ taza **Harina Trigo Sarraceno Integrain**
- 1 taza chispas de chocolate
- ½ cdita canela molida
- ¾ taza azúcar granulada
- ½ cdita extracto de limón
- ¼ cdita nuez moscada
- ½ cdita sal de mar
- 1 cdita extracto de vainilla
- ¼ taza aceite vegetal
- 2 Cdas mantequilla
- ⅓ taza yoghurt griego
- 3 plátanos maduros pelados (340)

Procedimiento:
1. Precaliente el horno a 175 °C.
2. Cepilla 2 moldes para pan de 9"x 5" pulgadas con mantequilla y enharina.
3. Machaca los plátanos con un tenedor. Agregue el yoghurt, el aceite, la mantequilla, los huevos, la vainilla y el extracto de limón. Mezcle bien.
4. Vierta las harinas, el azúcar, el polvo para hornear, el bicarbonato de sodio, la sal y las especias en un tazón grande. Mezcle bien.
5. Vierta la mezcla de ingredientes líquidos a los secos y mezcle hasta incorporar
6. Agregue las chispas de chocolate y revuelva suavemente, hasta que se incorporen.
7. Vierta la mezcla en los moldes preparados. Decore con chispas de chocolate.
8. Hornee hasta que un palillo insertado en el medio salga limpio, aprox. 45-55 min. Deje enfriar por 10 min.

Banana Bread with Buckwheat Flour

Ingredients:
- 2 large eggs
- 1 ¾ cups of **Integrain Wheat Flour**
- 1 tsp baking powder
- ½ tsp baking soda
- ¼ cup **Integrain Buckwheat flour**
- 1 cup mini chocolate chips
- ½ tsp ground cinnamon
- ¾ cup granulated sugar
- ½ tsp lemon extract
- ¼ tsp of nutmeg
- ½ tsp sea salt
- 1 tsp vanilla extract
- ¼ cup vegetable oil
- 2 Tbsp butter
- ⅓ cup Greek yogurt
- 3 peeled ripe bananas (12 oz)

Procedure:
1. Preheat oven to 350 °F.
2. Brush two 9"x 5" loaf pans with butter and flour.
3. Mash bananas with a fork. Add yogurt, oil, butter, eggs, vanilla, and lemon extract. Mix well.
4. Mix the flours, sugar, baking powder, baking soda, salt, and spices in a large bowl.
5. Add the liquid ingredients to the dry ones and stir until incorporated.
6. Add the chocolate chips and fold in until incorporated.
7. Pour the mixture into the prepared loaf pans. Decorate with chocolate chips.
8. Bake until a toothpick inserted in the middle comes out clean, approx. 45-55 min. Let cool for 10 min.

Pan de Barra de Trigo Sarraceno

Ingredientes:
- 1 taza **Harina Trigo Sarraceno Integrain**
- 1 taza **Harina Trigo Integral Integrain**
- 320 ml agua tibia
- 2 Cdas aceite de oliva extra virgen
- 2 cditas levadura instantánea
- 2 cditas azúcar
- 1 cdita sal
- 1 cdita vinagre de manzana
- 2 huevos.
- ½ cdita de goma xantana (Opc.)

Procedimiento:
1. En un tazón, agregue la levadura y el azúcar al agua tibia. Mezcle bien hasta disolver. Deje reposar por 10 min.
2. En otro tazón, agregue el aceite y los huevos y bátelos hasta que estén espumosos.
3. En otro tazón grande, agregue las harinas, la sal, y la goma xanthana. Mezcle bien.
4. Agregue la mezcla de aceite y huevo al tazón de harinas y revuelva. Luego, agregue al tazón el vinagre y la mezcla de levadura. Mezcle bien.
5. Engrase ligeramente un molde para pan de barra y fórrelo con papel pergamino.
6. Vierta la mezcla en el molde para pan, y luego cúbrala con una bolsa (asegurando que la masa no toque la bolsa). Deje reposar por 1 hora.
7. Encienda el horno a 220° C y hornee por 25-30 min hasta que quede una corteza firme. Retire del horno y desmolde. Déjelo enfriar por 20 min. antes de rebanar.

Buckwheat Loaf Bread

Ingredients:
- 1 cup **Integrain Buckwheat Flour**
- 1 cup of **Integrain Whole Wheat Flour**
- 320 ml warm water
- 2 Tbsp extra virgin olive oil
- 2 tsp instant yeast
- 2 tsp sugar
- 1 tsp of salt
- 1 tsp apple cider vinegar
- 2 eggs.
- ½ tsp xantham gum.

Procedure:
1. In a bowl, add the yeast and sugar to the warm water. Mix well to dissolve. Let rest for 10 min.
2. In another bowl, add the oil and the eggs and beat them until foamy.
3. In a large bowl, add flours, salt, and xantham gum. Mix well.
4. Add the oil and egg mixture to the bowl of flour and stir. Next, add the vinegar and yeast mixture to the bowl. Mix well.
5. Lightly grease a loaf pan and line with parchment paper.
6. Pour the mixture into the loaf pan, then cover with a bag (making sure that the dough does not touch the bag) Let rest for 1 hour.
7. Heat oven 425 °F and bake for 25-30 minutes until crust is firm. Remove from oven and take bread out of the pan. Let it cool for 20 minutes before slicing it.

Muffins de Mora Azul

Ingredientes:
- 1 taza harina de avena integral
- ½ taza harina integral de centeno
- ⅔ taza **Harina de Espelta Integrain**
- ½ taza **Harina Trigo Sarraceno Integrain**
- 1 ½ cdita polvo para hornear
- 1 cdita canela molida
- ½ cdita sal de mar
- ⅔ taza yoghurt griego
- ⅓ taza aceite de coco
- 2 plátanos maduros
- 2 huevos
- 1 cdita vainilla
- ½ taza azúcar moreno
- 1 taza moras azules frescas

Procedimiento:
1. Mezcle todos los ingredientes secos. En un recipiente aparte, mezcle el yoghurt, el aceite, el plátano, y los huevos. Bate bien. Agregue los ingredientes secos, y mezcle.
2. Engrase un molde para muffins o llénalo con capacillos de papel.
3. Rellene con la masa para muffins y cubra con moras azules. Decóralos al gusto con coco, avena o chispas de chocolate.
4. Hornee a 175 °C por 20 min. Enfríe por 10 min. Guarde en un recipiente hermético.

Blueberry Muffins

Ingredients:
- 1 cup **Integrain Oat Flour**
- ½ cup **Integrain Rye Flour**
- ⅔ cup **Integrain Spelt Flour**
- ½ cup **Integrain Buckwheat Flour**
- 1 ½ tsp baking powder
- 1 tsp ground cinnamon
- ½ tsp sea salt
- ⅔ cup Greek yogurt
- ⅓ cup coconut oil
- 2 ripe bananas
- 2 eggs
- 1 tsp vanilla
- ½ cup brown sugar
- 1 cup fresh blueberries

Procedure:
1. Mix all dry ingredients together. In a separate bowl, mix the yogurt, oil, banana, and eggs. Beat well. Add the dry ingredients, and mix.
2. Grease muffin pan or line with muffin cups.
3. Fill with the muffin batter, topping with blueberries. Decorate them as desired with coconut, rolled oats or chocolate chips.
4. Bake for 20 min at 350 °F. Cool for 10 min. Store in airtight container.

Introducción a Masa Madre

¿QUÉ ES LA MASA MADRE?
Es un fermento natural, una técnica de cientos de años de antigüedad y la mejor forma para elaborar un buen pan está compuesta de levaduras naturales que se obtienen de la mezcla de harina más agua. La receta más clásica que podemos encontrar, es mezclar harina y agua; esto se deja fermentar por varios días, alimentando y aireando continuamente la masa.

Uno de los principales beneficios que tiene el pan de masa madre es que con este tipo se vuelve a la cocina más pura, realizada con pocos ingredientes, sin aditivos, y además, es un pan que no requiere materias grasas para su producción por lo que se vuelve una opción mucho más saludable para consumir. Además, debido a que tiene un proceso de fermentación para su elaboración, comparado con el pan tradicional, es un pan mucho más fácil de digerir para nuestro organismo y al ser fermentado es también mucho más amigable con nuestro microbiota intestinal.

BENEFICIOS DEL PAN CON MASA MADRE
- Mejora la digestión
- Contiene ácido láctico
- Reduce el gluten y lo hace más digerible
- Se conserva de manera natural
- Tiene un bajo índice glucémico.
- Contiene muchas vitaminas y minerales.
- Mejora la textura y sabor.

¿Por qué usar harinas de trigo entero?
El problema con la harina blanca común es que provoca un aumento rápido de su nivel de azúcar en la sangre. La harina blanca, que es un "alimento" sin ningún nutriente, se transforma en glucosa en el momento de ingerirla, aún cuando esté preparado sin azúcar. Este es un gran problema para los diabéticos o para cualquiera que esté tratando de perder peso o mantenerse en forma, y que los aumentos rápidos en el azúcar en la sangre estimulan una mayor cantidad de insulina, que es la hormona que almacena la grasa. Un estudio publicado en "The Journal of Nutrition and Metabolism" encontró que los panes hechos con granos germinados y pan de masa fermentada dieron como resultado una menor respuesta de glucosa en sangre en individuos con sobrepeso con riesgo de resistencia a la insulina y diabetes tipo 2.

Introduction to Sourdough:

WHAT IS SOURDOUGH?
It is a natural ferment, a technique that is hundreds of years old and the best way to make good bread is made up of natural yeasts that are obtained from a mixture of flour and water. The most classic recipe that we can find is to mix flour and water; this is left to ferment for several days, continually feeding and aerating the dough.

One of the main benefits of sourdough bread is that with this type you return to the purest cuisine, made with few ingredients, without additives, and furthermore, it is a bread that does not require fat for its production, so it becomes a much healthier option to consume. In addition, because it has a fermentation process for its preparation, compared to traditional bread, it is a much easier bread for our body to digest and, being fermented, it is also much friendlier to our intestinal microbial.

BENEFITS OF BREAD WITH SOUR DOUGH
- Improves digestion
- Contains lactic acid
- Reduces gluten and makes it more digestible
- It is preserved naturally
- It has a low glycemic index.
- Contains many vitamins and minerals.
- Improves texture and flavor.

Why use whole wheat flour?
The problem with ordinary white flour is that it causes a rapid increase in its blood sugar level. White flour, which is a "food" without any nutrient, is transformed into glucose at the time of ingestion, even when it is prepared without sugar. This is a big problem for diabetics or anyone trying to lose weight or keep fit, as rapid increases in blood sugar stimulate more insulin, which is the hormone that stores fat. A study published in "The Journal of Nutrition and Metabolism" found that breads made from sprouted grains and sourdough bread resulted in a lower blood glucose response in overweight individuals at risk for insulin resistance and type 2 diabetes.

Hogaza de Masa Madre

Ingredientes:
- 200 gr masa madre
- 400 gr agua
- 600 gr **Harina de Trigo Blanco Integrain**
- 1 ½ cdita sal

Procedimiento: 1. Despierte la masa madre: Saque del refrigerador y añade ½ taza de harina y ½ taza de agua a la masa madre. Deje reposar 2-4 horas en tiempo de calor. Si es tiempo de frío, alimentar dos veces, una en la noche y otra en la mañana (¼ y ¼) reposando fuera del refri todo ese tiempo.
2. En un recipiente con tapa vacíe 200 gr de masa madre.
3. Mezcle la masa madre con 400 gr de agua, agite y agregue los 600 gr de harina. Ajuste poco a poco la masa, de harina o agua, según sea el caso. Repose 30 min.
4. Agregue la sal y comience a amasar por 10 min, hasta que no se pegue.
5. Agregue semillas, arándanos, y alcaravea, al gusto.
6. A la media hora, hacerle 4 pliegues cada 5 min, 3 veces. Deje reposar 2 horas
7. Forme una bola y ponga en un tazón con una toalla de algodón enharinada o en un canasto enharinado con harina de arroz o harina de trigo. Cubra con un lienzo de algodón y mete en una bolsa de plástico. Deje cubierto en refrigerador por 12 horas.
8. Precaliente el horno con una olla de horno holandés adentro por 15 min a 250 °C.
9. Saque del horno la olla con mucho cuidado, vacíe la masa y hacer cortes con una navaja o un cuchillo bien afilado.
10. Baje la temperatura a 200 °C y deje hornear por 25 min.
11. Quite la tapa y deje dorar, alrededor de 15 min, o más si se quiere muy dorada.
12. Saque y ponga sobre una tabla o rejilla, Deje enfriar.

Sourdough Loaf

Ingredients:
- 200 gr. sourdough
- 400 gr of water
- 600 g **Integrain White Wheat Flour**
- 1 ½ tsp of salt

Procedure: 1. Wake up the sourdough: Remove from the refrigerator and add ½ cup of flour and ½ cup of water to the sourdough. Let stand 2-4 hours in hot weather. if it's time cold, feed twice, once at night and once in the morning (¼ and ¼) resting out of the fridge all that time.
2. Empty 200 gr of sourdough into a bowl with a lid.
3. Mix the sourdough with 400 gr of water, stir and add the 600 gr of flour. Adjust dough adding flour or water, as the case may be, by Tbsp. Rest 30 min.
4. Add the salt and start kneading for 10 min, until it doesn't stick.
5. Add seeds, blueberries, caraway, to taste.
6. After half an hour, make 4 folds every 5 min, 3 times. Let stand 2 hours
7. Form a ball and put in a bowl with a floured cotton towel or in a basket floured with rice flour or wheat flour. Cover with a cotton cloth and put in a plastic bag.
8. Refrigerate overnight, well covered. Preheat oven with the pot for 15 min at 250 °C
10. Carefully remove the pot from the oven, empty the dough and make cuts with a razor or a very sharp knife.
11. Lower the temperature to 400 °F and bake for 25 min.
12. Remove the lid and let it brown, about 15 min, or more if you want it to be golden.
13. Remove and put on a board or rack, let cool.

Pan de Espelta Austriaco

Ingredientes:
- 1 taza masa madre
- 1 cdita sal
- 1 Cda azúcar morena
- 1 taza de agua
- 1 Cda melaza
- 1 Cda aceite
- 1 ½ Cdas semilla de alcaravea
- 1 Cda semillas de hinojo
- ¾ taza **Harina de Centeno Integrain**
- ¾ taza **Harina de Trigo Integrain**
- 2 tazas **Harina de Espelta Integrain**

Procedimiento: Vierta la masa madre en un tazón. Disuelva la sal y el azúcar en el agua, luego agregue y mezcle la melaza, el aceite, la semilla de alcaravea y la semilla de hinojo. Revuelva esta mezcla en el de masa fermentada. Combine el centeno y la harina de trigo integral y mezcle con la mezcla de masa fermentada. Añade una taza de harina de espelta y mezcle. Voltee sobre una tabla enharinada y amase con la harina de espelta restante hasta que la masa esté suave y brillante. Leuda la masa durante la noche (8 a 12 horas) a temp. ambiente, aprox. 21 °C, en un recipiente grande cubierto con una envoltura de plástico. Durante este tiempo, la masa debe duplicar su tamaño. Después de la prueba, use una espátula para colocar suavemente la masa sobre una tabla enharinada. Deje reposar por 30 min. Si ocurre un aplanamiento marcado durante este tiempo, añade harina adicional antes de darle forma. Para dar forma a la masa reposada, aplanarla ligeramente, luego levante una porción de la masa para formar una bola rugosa. Coloque el pan moldeado en una canasta para pan y déjelo fermentar de 2 a 4 horas, hasta que duplique su tamaño. Coloque el pan en un horno holandés en un horno frío, luego suba la temperatura a 200 °C y hornee por 70 min. Cuando el pan esté horneado, déjelo enfriar sobre una rejilla antes de rebanar.

Austrian Spelt Bread

Ingredients:
- 1 cup sourdough
- 1 tsp salt
- 1 Tbsp brown sugar
- 1 cup water
- 1 Tbsp molasses
- 1 Tbsp oil
- 1 ½ Tbsp caraway seed
- 1 Tbsp fennel seed
- ¾ cup **Integrain Rye Flour**
- ¾ cup **Integrain Whole Wheat Flour**
- 2 cups **Integrain Spelt Flour**

Procedure: Pour the sourdough into bowl. Dissolve the salt and sugar in the water, then add and mix the molasses, oil, caraway seed, and fennel seed. Stir this mixture into the sourdough. Combine the rye and whole wheat flour and mix in the sourdough mix. Add a cup of the spelt flour and mix. Turn out onto a floured board and knead in the remaining spelt flour until the dough is smooth and shiny. Proof the dough overnight (8 - 12 hours) at room temperature, about 70 °F, in a large bowl covered with plastic wrap. During this time, the dough should double in size. After proofing, use a spatula to gently ease the dough out onto a floured board. Allow the dough to rest for 30 min. If marked flattening occurs during this time, knead in additional flour before shaping. To shape the rested dough, flatten it slightly, then lift a portion of the dough to form a rough ball. Place the shaped loaf in a basket and proof for 2 - 4 hours, until doubled. Put the loaf in a Dutch oven in a cool oven, then turn the temperature to 400 °F and bake for 70 min. When the loaf is baked, let cool on a wire rack before slicing.

Pan Integral de Masa Madre

Ingredientes:
- ¾ taza masa fermentada inicial
- 1 taza **Harina de Trigo Integrain**
- ¾ taza agua
- 1 ½ taza leche, tibia
- 1 ½ cdita sal
- 2 tazas **Harina de Trigo Integrain**
- ¾ tazas **Harina de Maíz Nixtamalizado**
- 1 taza **Harina Centeno Integrain**, aprox.

Procedimiento:
1. Mezcle los primeros 3 ingredientes en un tazón grande, cubra ligeramente y deje que fermente en un lugar cálido por al menos 10 horas, (más tiempo si desea un sabor agrio). Cuando esté listo para hornear, mezcle la leche con la masa fermentada. Mezcla, luego agregue las 2 tazas de harina de trigo, la sal y la harina de maíz. Luego, agregue harina de centeno según sea necesario para hacer una masa que puedas manejar. Forme una bola, cubra con una paño húmedo y deje reposar unos 20 min. antes de intentar amasarlo. Esta masa es difícil de amasar, engrase bien las manos antes de comenzar.
2. Cuando la masa esté bien amasada, colóquela en un recipiente engrasado. Cubra Deje leudar. Esta masa crecerá lentamente, así que espere al menos una hora. A continuación, amase y forme en una canasta de pan redonda por una hora más o menos. Precaliente el horno a 190 °C. Coloque el pan en un Horno holandés (olla de hierro fundido), espolvoreado con harina de arroz. Hornee por 40 min a 190 °C
3. Este es un pan muy denso. Si desea un poco más de elasticidad, deje que suba en el refrigerador durante la noche en la cesta antes de hornearlo.

Sourdough Pumpernickel

Ingredients:
- ¾ cup sourdough starter
- 1 cup **Integrain Wheat Flour**
- ¾ cup water
- 1 ½ cup lukewarm milk
- 1 ½ tsp salt
- 2 cups **Integrain Wheat Flour**
- ¾ cup **Integrain Corn Flour**
- 1 cup **Integrain Rye Flour**, approx

Procedure:
1. Mix together the first 3 ingredients in a large bowl, cover loosely and allow to ferment in a warm place for at least 10 hours, longer if you want a sour pumpernickel. When you are ready to bake, mix the milk into the fermented starter mixture, then beat in the 2 cups wheat flour, salt and cornflour. Next, work in as much rye flour as needed to make a dough you can handle. Shape it into a ball, cover with a damp cloth and allow to stand for about 20 min. before you try to knead it. This bread is difficult to knead, grease your hands well before beginning.
2. When the dough is thoroughly kneaded, place it in a greased bowl. Cover. Let rise. This bread will rise slowly, so allow at least an hour. Next knead it down and form into a round loaf basket for an hour or so. Preheat oven to 375 °F Put the loaf in a Dutch oven (cast iron pot), sprinkled with rice flour. Bake for 40 min at 375 °F
3. This makes a very dense loaf If you want a little more springy, allow to rise in the fridge overnight in the basket before baking it.

Pan Integral en Barra con Masa Madre

Ingredientes:
- 2 ½ tazas **Harina de Trigo Integrain**
- ½ taza harina aparte (por si hiciera falta)
- 1 taza masa madre
- 1 cdita levadura
- 1 Cda de azúcar o miel
- 1 cdita de sal
- 1 Taza de leche tibia
- 3 Cdas de aceite de oliva
- 1 Huevo

Procedimiento:
1. Mezcle la harina con la levadura, el azúcar, y la sal, en un tazón grande.
2. Agregue la masa madre y la leche y bate. Mezcle el aceite con el huevo, y agregarla a la mezcla. Se hace una masa pegajosa como engrudo. Dentro del tazón se bate con la mano o con cuchara, girando, sin hacerlo bruscamente, por 10 min.
3. Si hace falta, ponga más harina, revolver y vaciar en una mesa enharinada, ayudado por una raspa o cuchillo de mesa, haga una bola. Si falta harina añade poco a poco.
4. Amase 60 veces y ponga en un tazón tapado. Deje reposar 30 min o hasta que doble el volumen. Extienda la masa sobre una mesa enharinada formando en rectángulo.
5. Enrolle y ponga en un molde para pan aceitado, tape y deje leudar entre 30-40 min.
6. Precaliente el horno a 200 °C, se mete el pan y se salpica el horno con agua.
7. Hornee 20 min. A los 15 min de la cocción voltee el pan para que dore parejo.
8. Al sacar se puede barnizar con mantequilla. Deje enfriar en rejilla.

Whole Wheat Sourdough Loaf

Ingredients:
- 2 ½ cups **Integrain Wheat Flour**
- ½ cup flour separately (in case needed)
- 1 cup sourdough
- 1 tsp yeast
- 1 Tbsp of sugar or honey
- 1 tsp salt
- 1 cup of warm milk
- 3 Tbsp olive oil
- 1 egg

Procedure:
1. Mix the flour with the yeast, sugar, salt, in a large bowl.
2. Add the cup of sourdough and milk and beat. Mix the oil with the egg, add it to the mix. It makes a sticky dough like paste. Inside the bowl Beat by hand or with a spoon, turning, without doing it abruptly, for 10 min.
3. If necessary, add more flour, stir and empty onto a floured table, helped by a scrape or table knife, make a ball. If there is no flour, add little by little.
4. Knead 60 times and put in a covered bowl. Let stand 30 min or until doubled the volume Roll out the dough on a floured table, giving it the shape of a rectangle.
5. Roll up and place in a greased loaf pan, cover and leave to rise for 30-40 min.
6. Preheat the oven to 400 °F, put the bread in and sprinkle the oven with water.
7. Bake 20 min. Then 15 min after cooking, turn the bread so that it browns evenly.
8. When removing it may be brushed with butter. Let cool on rack.

INDICE / INDEX

APERITIVOS / APPETIZER

TRUFAS DE ENERGÍA / ENERGY TRUFFLES	8
BARRITAS DE PESCADO CON AMARANTO / FISH BARS WITH AMARANTH	10
CUADRITOS DE AMARANTO CON CHOCOLATE / AMARANTH CHOCOLATE SQUARES	14
HOJAS DE PARRA RELLENAS / STUFFED VINE LEAVES	20
FRITURAS DE ARROZ / RICE HASHBROWNS	30
GALLETAS DE AVENA CON CHOCO CHIPS / OATMEAL CHOCOLATE CHIP COOKIES	32
EMPANADAS DE AVENA CON CEREZAS / OAT EMPANADAS WITH CHERRY FILLING	38
KIFLIS DE CAFÉ Y CHOCOLATE / COFFEE AND CHOCOLATE KIFLIS	44
TORTITAS DE CEBADA / BARLEY KEBABS	58
TORTITAS DE CENTENO CON FETA Y CALABACITA / ZUCCHINI FETA RYE BERRY PATTIES	68
ESPELTA FRITA / COUNTRY FRIED SPELT	78
BARRAS DE CHOCOLATE CON ESPELTA / SPELT CHOCOLATE BARS	84
TAZÓN DE VERDURAS / VEGGIE BOWL	88
BOLITAS CRUJIENTES DE CREMA DE CACAHUATE / CRUNCHY PEANUT BUTTER BALLS	94
TORTITAS DE QUINOA / QUINOA PATTIES	98
DOLMAS TURCAS / TURKISH DOLMAS	108
POSTRE DE TRIGO, CHOCOLATE, Y GRANADAS / WHEAT, CHOCOLATE, AND POMEGRANATE DESSERT	114
GRANOLA DE TRIGO CON PILONCILLO / JAGGERY WHEAT GRANOLA	116
CROQUETAS DE TRIGO SARRACENO Y CHAMPIÑONES / BUCKWHEAT AND MUSHROOM CROQUETTES	118
EMPANIZADOR DE AMARANTO / AMARANTH BREADER	130
GALLETAS DE CREMA DE CACAHUATE CON AMARANTO / AMARANTH PEANUT BUTTER COOKIES	136
FRITURAS DE VERDURAS / SPICED VEGETABLE FRITTERS	142
PETIT CHOUX DE POLLO CON AJONJOLÍ Y QUESO / SESAME CHICKEN AND CHEESE PETIT CHOUX	144
GALLETAS DE CHOCOLATE CON HARINA DE ARROZ / CHOCOLATE COOKIES WITH RICE FLOUR	148
GALLETAS DE HARINA DE ARROZ / RICE FLOUR BISCUITS	154
PASTELITOS DE CALABAZA / PUMPKIN CUPCAKES	156
ALITAS DE POLLO BÚFFALO / BUFFALO CHICKEN WINGS	158
JAU KI PAPDI | GALLETITAS DE CEBADA / JAU KI PAPDI | BARLEY CRACKERS	168
TORTITAS DE SALMÓN / SALMON PATTIES	170
SCONES DE EXPRESO CON TROZOS DE CHOCOLATE / ESPRESSO CHOCOLATE CHUNK SCONES	174
PUERQUITOS ENCOBIJADOS / PIGS IN A BLANKET	180
PROFITEROLES DE CREMA / CREAM PUFFS	186
GALLETAS CASERAS DE ESPELTA GERMINADA / SPROUTED SPELT HOMEMADE CRACKERS	192
BOCADITOS DE PRETZEL DE ESPELTA / WHOLE SPELT PRETZEL BITES	194
FOCACCIA DE ESPELTA / SPELT FOCACCIA	202
BLINI DE ESPELTA CON TOCINO Y CRÉME FRAÎCHE / SPELT BLINI WITH BACON AND CRÉME FRAÎCHE	204

HUMMUS / HUMMUS	214
FRITURAS DE CALABACITA CON SALSA DE TOMATE / ZUCCHINI FRIES WITH TOMATO DIP	216
EMPANADAS DE PIZZA / PIZZA POPS	226
MOLINILLOS DE TOCINO Y JALAPEÑOS / BACON & JALAPEÑO PINWHEELS	228
BOCADITOS DE TACO CON CAMARONES / SHRIMP TACO BITES	238
AROS CRUJIENTES DE CEBOLLA CON QUINOA / CRISPY QUINOA ONION RINGS	252
GALLETAS DE TRIGO INTEGRAL / WHOLE WHEAT CRACKERS	264
GALLETAS DE TRIGO GERMINADO / SPROUTED WHEAT CRACKERS	288
GALLETAS DE AVENA Y TRIGO GERMINADO / SPROUTED WHEAT AND OATMEAL COOKIES	294
PRETZELS INTEGRALES / WHOLE GRAIN PRETZELS	304
BLINI RUSO CON HARINA DE TRIGO SARRACENO / RUSSIAN BLINI WITH BUCKWHEAT FLOUR	318

Entradas / Side Dishes:

BARRITAS DE PESCADO CON AMARANTO / FISH BARS WITH AMARANTH	10
ARROZ INTEGRAL INTEGRAIN / INTEGRAIN BROWN RICE	22
BISCUITS DE AVENA CON GRAVY DE SALCHICHA / BUTTERMILK OAT BISCUITS WITH SAUSAGE GRAVY	34
ENSALADA MEXICANA CON VINAGRETA DE CAFÉ / MEXICAN SALAD WITH COFFEE VINAIGRETTE	46
SOPA DE CEBADA PERLA / PEARL BARLEY SOUP	60
ENSALADA DE ZANAHORIA Y CENTENO / CARROT & RYE SALAD	70
ENSALADA DE ESPELTA / SPELT SALAD	80
SOPA CAMPESTRE CON ESPELTA / COUNTRY STYLE SOUP WITH SPELT	82
TAZÓN DE VERDURAS / VEGGIE BOWL	88
ENSALADA GRIEGA CON CAMARONES Y KHORASAN / GREEK SALAD WITH SHRIMP AND KHORASAN	90
SOPA ITALIANA DE QUINOA / CREAMY ITALIAN QUINOA SOUP	100
TABULÉ / TABBOULEH	110
ENSALADA DE TRIGO SARRACENO / BUCKWHEAT SALAD	120
SOPA DE BRÓCOLI Y QUESO / BROCCOLI CHEESE SOUP	132
PETIT CHOUX DE POLLO CON AJONJOLÍ Y QUESO / SESAME CHICKEN AND CHEESE PETIT CHOUX	144
ALITAS DE POLLO BÚFFALO / BUFFALO CHICKEN WINGS	158
TORTITAS DE SALMÓN / SALMON PATTIES	170
QUICHE DE QUESO CON TOCINO / CHEESE QUICHE WITH BACON	172
PAN CON HIERBAS / HERBED BATTER BREAD	182
BOCADITOS DE PRETZEL DE ESPELTA / WHOLE SPELT PRETZEL BITES	194
BLINI DE ESPELTA CON TOCINO Y CRÉME FRAÎCHE / SPELT BLINI WITH BACON AND CRÉME FRAÎCHE	204
FRITURAS DE CALABACITA CON SALSA DE TOMATE / ZUCCHINI FRIES WITH TOMATO DIP	216
MOLINILLOS DE TOCINO Y JALAPEÑOS / BACON & JALAPEÑO PINWHEELS	228
TAMALES / TAMALES	240
FLAUTAS CON SALSA SUIZA / FLAUTAS WITH SWISS SAUCE	242
COLIFLOR Y BRÓCOLI GRATINADOS / CAULIFLOWER AND BROCCOLI AU GRATIN	254
FILETES DE COLIFLOR CON COSTRA DE QUINOA / QUINOA CRUSTED CAULIFLOWER STEAKS	256

ENSALADA DE POLLO CON CRUTONES CASEROS / CHICKEN SALAD WITH HOMEMADE CROUTONS	266
SOPA DE POLLO / NOODLE SOUP	268
MASA PARA PIZZA DE TRIGO GERMINADO / SPROUTED WHEAT FLATBREAD	290
CREMA DE PAPA ASADA / LOADED BAKED POTATO SOUP	306
BLINI RUSO CON HARINA DE TRIGO SARRACENO / RUSSIAN BLINI WITH BUCKWHEAT FLOUR	318
POLLO FRITO COREANO / KOREAN FRIED CHICKEN	320
PASTEL DE LENTEJAS VEGANO / VEGAN LENTIL LOAF	322

Platillos Principales / Main Dishes

AGUACATES RELLENOS DE AMARANTO / AMARANTH STUFFED AVOCADOS	12
LOCO MOCO / LOCO MOCO	24
PASTEL DE CARNE CON AVENA ROLLADA / CLASSIC MEATLOAF WITH ROLLED OATS	36
BISTEC SIRLOIN AL CAFÉ / COFFEE RUBBED SIRLOIN STEAK	48
PIMIENTOS RELLENOS DE CEBADA / BARLEY STUFFED PEPPERS	62
FRITTATA DE COL RIZADA Y CENTENO / KALE AND RYE FRITTATA	72
SOPA CAMPESTRE CON ESPELTA / COUNTRY STYLE SOUP WITH SPELT	82
CAZUELA DE POLLO Y KHORASAN CREMOSO / CREAMY CHICKEN AND KHORASAN CASSEROLE	92
PIMIENTOS RELLENOS DE QUINOA Y FRIJOLES / QUINOA AND BLACK BEAN STUFFED PEPPERS	102
KIBE / KIBE	112
DELICIOSO TAZÓN DE TRIGO SARRACENO / DELICIOUS BUCKWHEAT GRAIN BOWL	122
TOSTADAS SIN GLUTEN / GLUTEN FREE TACO TOSTADAS	134
ALBÓNDIGAS ITALIANAS / ITALIAN MEATBALLS	146
HAMBURGUESAS DE CHAMPIÑONES Y AVENA / MUSHROOM AND OAT BURGERS	160
QUICHE DE QUESO CON TOCINO / CHEESE QUICHE WITH BACON	172
STROGANOFF DE RES / BEEF STROGANOFF	184
BAGELS DE ESPELTA GERMINADA / SPROUTED SPELT BAGELS	196
RAVIOLIS DE ESPELTA / SPELT RAVIOLI	206
CHILES POBLANOS RELLENOS / FILLED POBLANO PEPPERS	218
ALBÓNDIGAS MARROQUÍES VEGETARIANOS / MOROCCAN MEATLESS BALLS WITH RICE	230
TAMALES / TAMALES	240
FLAUTAS CON SALSA SUIZA / FLAUTAS WITH SWISS SAUCE	242
COLIFLOR Y BRÓCOLI GRATINADOS / CAULIFLOWER AND BROCCOLI AU GRATIN	254
FILETES DE COLIFLOR CON COSTRA DE QUINOA / QUINOA CRUSTED CAULIFLOWER STEAKS	256
WRENAKJE / WRENAKJE	270
MILANESA DE RES CON GRAVY CAMPESINO / COUNTRY FRIED STEAK	272
MASA PARA PIZZA DE TRIGO GERMINADO / SPROUTED WHEAT FLATBREAD	290
BOLLOS PARA HAMBURGUESA DE TRIGO GERMINADO / SPROUTED WHEAT HAMBURGER BUNS	292
MASA PARA PIZZA DE TRIGO INTEGRAL / WHOLE WHEAT PIZZA CRUST	308
POLLO FRITO COREANO / KOREAN FRIED CHICKEN	320
PASTEL DE LENTEJAS VEGANO / VEGAN LENTIL LOAF	322

Postres / Desserts

TRUFAS DE ENERGÍA / ENERGY TRUFFLES	8
CUADRITOS DE AMARANTO CON CHOCOLATE / AMARANTH CHOCOLATE SQUARES	14
ARROZ CON LECHE / RICE WITH MILK PUDDING	26
GALLETAS DE AVENA CON CHOCO CHIPS / OATMEAL CHOCOLATE CHIP COOKIES	32
EMPANADAS DE AVENA CON CEREZAS / OAT EMPANADAS WITH CHERRY FILLING	38
KIFLIS DE CAFÉ Y CHOCOLATE / COFFEE AND CHOCOLATE KIFLIS	44
HELADO DE CAFÉ / COFFEE ICE CREAM	50
MUFFINS DE CAFÉ / COFFEE MUFFINS	56
FLAN DE CEBADA / BARLEY CUSTARD	64
PUDÍN DE CENTENO / RYE PUDDING	74
BARRAS DE CHOCOLATE CON ESPELTA / SPELT CHOCOLATE BARS	84
BOLITAS CRUJIENTES DE CREMA DE CACAHUATE / CRUNCHY PEANUT BUTTER BALLS	94
PASTEL DE CHOCOLATE CON QUINOA / QUINOA CHOCOLATE CAKE	104
POSTRE DE TRIGO, CHOCOLATE, Y GRANADAS / WHEAT, CHOCOLATE, AND POMEGRANATE DESSERT	114
PUDÍN DE MOCA CON TRIGO SARRACENO / MOCHA BUCKWHEAT PUDDING	124
GALLETAS DE CREMA DE CACAHUATE CON AMARANTO / AMARANTH PEANUT BUTTER COOKIES	136
GALLETAS DE CHOCOLATE CON HARINA DE ARROZ / CHOCOLATE COOKIES WITH RICE FLOUR	148
GALLETAS DE HARINA DE ARROZ / RICE FLOUR BISCUITS	154
PASTELITOS DE CALABAZA / PUMPKIN CUPCAKES	156
PASTEL PARA EL CAFÉ CON RELLENO DE CREMA / CREAM-FILLED COFFEE CAKE	162
CREPAS DE HARINA DE AVENA / OATMEAL CREPES	166
SCONES DE EXPRESO CON TROZOS DE CHOCOLATE / ESPRESSO CHOCOLATE CHUNK SCONES	174
PROFITEROLES DE CREMA / CREAM PUFFS	186
MUFFINS DE MANZANA Y CENTENO / APPLE RYE MUFFINS	188
ROLLOS DE CANELA DE ESPELTA GERMINADA / SPROUTED SPELT CINNAMON ROLLS	198
DONAS DE ESPELTA / SPELT DONUTS	208
MUFFINS DE HARINA DE GARBANZO / CHICKPEA FLOUR MUFFINS	220
PASTEL DE ZANAHORIA INTEGRAL / WHOLE GRAIN CARROT CAKE	232
DUTCH BABY DE MANZANA CON JARABE DE MAPLE / APPLE DUTCH BABY WITH MAPLE SYRUP	236
PAY DE MORAS AZULES CON COSTRA DE MAÍZ / BLUE BERRY PIE WITH CORNMEAL CRUST	244
BROWNIES DE HARINA DE QUINOA / FUDGY QUINOA FLOUR BROWNIES	258
PASTEL DE MANZANA / APPLE CAKE	274
PAN DE CHOCOLATE Y CALABAZA / CHOCOLATE PUMPKIN BREAD	276
BROWNIES DE HARINA INTEGRAL / WHOLE WHEAT BROWNIES	278
GALLETAS DE AVENA Y TRIGO GERMINADO / SPROUTED WHEAT AND OATMEAL COOKIES	294
MUFFINS DE PLÁTANO Y CHOCOLATE / BANANA CHOCOLATE MUFFINS	302
BASE PARA PAY INTEGRAL / WHOLE WHEAT PIE CRUST	310
CAZUELA DE TORRIJAS CON ESPECIAS DE CALABAZA / PUMPKIN SPICE FRENCH TOAST CASSEROLE	316
PAN DE PLÁTANO CON HARINA DE TRIGO SARRACENO / BANANA BREAD WITH BUCKWHEAT FLOUR	324
MUFFINS DE MORA AZUL / BLUEBERRY MUFFINS	328

Bebidas / Beverages

BATIDO DE AMARANTO / AMARANTH SMOOTHIE	16
HORCHATA / HORCHATA	28
BEBIDA DE AVENA SABOR VAINILLA (LECHE DE AVENA) / VANILLA OAT BEVERAGE (OAT MILK)	40
LATTÉ INTEGRAIN / INTEGRAIN LATTE	52
BATIDO DE CHOCOLATE EN UN TAZÓN / CHOCOLATE SMOOTHIE BOWL	106
ATOLE DE HARINA DE ARROZ CON FRESAS / RICE FLOUR ATOLE WITH STRAWBERRIES	150
CHAMPURRADO / CHAMPURRADO	246
AATTA KA DOODH (BEBIDA DE TRIGO) / AATTA KA DOODH (WHEAT BEVERAGE)	280

Panes y Tortillas / Breads and Tortillas

PAN DE AMARANTO / AMARANTH BREAD	138
PAN DE CAJA SIN GLUTEN / GLUTEN-FREE LOAF BREAD	152
PANECILLOS DE CEBADA, AVENA Y TRIGO SARRACENO / BARLEY, OATS AND BUCKWHEAT ROLLS	176
ROLLOS DE TRIGO Y CEBADA CON COMINO / CUMIN FLAVOURED WHEAT AND BARLEY ROLLS	178
PAN CON HIERBAS / HERBED BATTER BREAD	182
BOCADITOS DE PRETZEL DE ESPELTA / WHOLE SPELT PRETZEL BITES	194
BAGELS DE ESPELTA GERMINADA / SPROUTED SPELT BAGELS	196
PAN DE CAJA DE ESPELTA GERMINADA / SPROUTED SPELT BREAD	200
FOCACCIA DE ESPELTA / SPELT FOCACCIA	202
PAN DE ESPELTA / SPELT BREAD	210
PAN DE BARRA CON KHORASAN / KHORASAN LOAF BREAD	234
TORITLLAS DE MAÍZ / CORN TORTILLAS	248
PALITOS DE PAN DE QUINOA / QUINOA BREADSTICKS	260
PAN DE CAJA CON HARINA DE TRIGO INTEGRAL / LOAF BREAD WITH WHOLE WHEAT FLOUR	282
BISCUITS INTEGRALES / WHOLE GRAIN BISCUITS	284
MASA PARA PIZZA DE TRIGO GERMINADO / SPROUTED WHEAT FLATBREAD	290
BOLLOS PARA HAMBURGUESA DE TRIGO GERMINADO / SPROUTED WHEAT HAMBURGER BUNS	292
PAN DE TRIGO GERMINADO / SPROUTED WHEAT BREAD	296
BISCUITS DE TRIGO GERMINADO CON CEBOLLA / SPROUTED WHEAT BISCUITS WITH ONION	298
TORTILLAS DE HARINA DE TRIGO GERMINADO / SPROUTED WHEAT FLOUR TORTILLAS	300
PRETZELS INTEGRALES / WHOLE GRAIN PRETZELS	304
MASA PARA PIZZA DE TRIGO INTEGRAL / WHOLE WHEAT PIZZA CRUST	308
PAN INTEGRAL DE HARINA DE TRIGO ROJO / WHOLE RED WHEAT FLOUR BREAD	312
PAN DE MÁQUINA INTEGRAL / WHOLE WHEAT MACHINE BREAD	314
PAN DE BARRA DE TRIGO SARRACENO / BUCKWHEAT LOAF BREAD	326
HOGAZA DE MASA MADRE / SOURDOUGH LOAF	332
PAN DE ESPELTA AUSTRIACO / AUSTRIAN SPELT BREAD	334
PAN INTEGRAL DE MASA MADRE / SOURDOUGH PUMPERNICKEL	336
PAN INTEGRAL EN BARRA CON MASA MADRE / WHOLE WHEAT SOURDOUGH LOAF	338

Pan Dulce / Sweet Bread

PAN DE PLÁTANO Y CAFÉ / BANANA COFFEE BREAD	54
MUFFINS DE CAFÉ / COFFEE MUFFINS	56
PASTELITOS DE CALABAZA / PUMPKIN CUPCAKES	156
PAN DE CAMOTE / SWEET POTATO BREAD	164
MUFFINS DE MANZANA Y CENTENO / APPLE RYE MUFFINS	188
ROLLOS DE CANELA DE ESPELTA GERMINADA / SPROUTED SPELT CINNAMON ROLLS	198
DONAS DE ESPELTA / SPELT DONUTS	208
MUFFINS DE HARINA DE GARBANZO / CHICKPEA FLOUR MUFFINS	220
PAN DE ZUCHINI / ZUCCHINI BREAD	222
PAN DE CHOCOLATE Y CALABAZA / CHOCOLATE PUMPKIN BREAD	276
MUFFINS DE PLÁTANO Y CHOCOLATE / BANANA CHOCOLATE MUFFINS	302
PAN DE PLÁTANO CON HARINA DE TRIGO SARRACENO / BANANA BREAD WITH BUCKWHEAT FLOUR	324
MUFFINS DE MORA AZUL / BLUEBERRY MUFFINS	328

Desayunos / Breakfasts

CEREAL DE AMARANTO CON TOPPING DE PERA / AMARANTH PORRIDGE WITH PEAR TOPPING	18
FRITURAS DE ARROZ / RICE HASHBROWNS	30
AVENA HORNEADA CON BAYAS MIXTAS / MIXED BERRY BAKED OATMEAL	42
MUFFINS DE CAFÉ / COFFEE MUFFINS	56
CEREAL DE CEBADA CON COMPOTA DE MANZANA / BARLEY PORRIDGE WITH APPLE COMPOTE	66
CEREAL DE CENTENO CON FRESAS Y ALMENDRAS / STRAWBERRY ALMOND RYE PORRIDGE	76
DESAYUNO DE YOGHURT CON ESPELTA / SPELT YOGURT BREAKFAST BOWL	86
WAFFLES DE GRANO ENTERO / WHOLE GRAIN WAFFLES	96
BATIDO DE CHOCOLATE EN UN TAZÓN / CHOCOLATE SMOOTHIE BOWL	106
GRANOLA DE TRIGO CON PILONCILLO / JAGGERY WHEAT GRANOLA	116
DESAYUNO DE TRIGO SARRACENO CON CANELA / CINNAMON BUCKWHEAT BREAKFAST BOWL	126
CEREAL CREMOSO DE AMARANTO / CREAMY AMARANTH PORRIDGE	140
GALLETAS DE HARINA DE ARROZ / RICE FLOUR BISCUITS	154
CREPAS DE HARINA DE AVENA / OATMEAL CREPES	166
ROLLOS DE TRIGO Y CEBADA CON COMINO / CUMIN FLAVOURED WHEAT AND BARLEY ROLLS	178
MUFFINS DE MANZANA Y CENTENO / APPLE RYE MUFFINS	188
WAFFLES DE CENTENO CON YOGHURT GRIEGO / GREEK YOGURT RYE WAFFLES	190
BAGELS DE ESPELTA GERMINADA / SPROUTED SPELT BAGELS	196
ROLLOS DE CANELA DE ESPELTA GERMINADA / SPROUTED SPELT CINNAMON ROLLS	198
WAFFLES DE ESPELTA / SPELT WAFFLES	212
MUFFINS DE HARINA DE GARBANZO / CHICKPEA FLOUR MUFFINS	220
HOT CAKES DE GARBANZO / CHICKPEA PANCAKES	224
DUTCH BABY DE MANZANA CON JARABE DE MAPLE / APPLE DUTCH BABY WITH MAPLE SYRUP	236
CHILAQUILES ROJOS / RED CHILAQUILES	250

HOTCAKES DE HARINA DE QUINOA / QUINOA FLOUR PANCAKES	262
CAZUELA DE DESAYUNO CON HUEVO Y SALCHICHA / EGG AND SAUSAGE BREAKFAST CASSEROLE	286
MUFFINS DE PLÁTANO Y CHOCOLATE / BANANA CHOCOLATE MUFFINS	302
CAZUELA DE TORRIJAS CON ESPECIAS DE CALABAZA / PUMPKIN SPICE FRENCH TOAST CASSEROLE	316
MUFFINS DE MORA AZUL / BLUEBERRY MUFFINS	328

Gluten-Free Recipes / Recetas Libres de Gluten

TRUFAS DE ENERGÍA / ENERGY TRUFFLES	8
BARRITAS DE PESCADO CON AMARANTO / FISH BARS WITH AMARANTH	10
AGUACATES RELLENOS DE AMARANTO / AMARANTH STUFFED AVOCADOS	12
BATIDO DE AMARANTO / AMARANTH SMOOTHIE	16
HOJAS DE PARRA RELLENAS / STUFFED VINE LEAVES	20
ARROZ INTEGRAL INTEGRAIN / INTEGRAIN BROWN RICE	22
ARROZ CON LECHE / RICE WITH MILK PUDDING	26
HORCHATA / HORCHATA	28
FRITURAS DE ARROZ / RICE HASHBROWNS	30
ENSALADA MEXICANA CON VINAGRETA DE CAFÉ / MEXICAN SALAD WITH COFFEE VINAIGRETTE	46
BISTEC SIRLOIN AL CAFÉ / COFFEE RUBBED SIRLOIN STEAK	48
HELADO DE CAFÉ / COFFEE ICE CREAM	50
LATTÉ INTEGRAIN / INTEGRAIN LATTE	52
TORTITAS DE QUINOA / QUINOA PATTIES	98
SOPA ITALIANA DE QUINOA / CREAMY ITALIAN QUINOA SOUP	100
PIMIENTOS RELLENOS DE QUINOA Y FRIJOLES / QUINOA AND BLACK BEAN STUFFED PEPPERS	102
PASTEL DE CHOCOLATE CON QUINOA / QUINOA CHOCOLATE CAKE	104
BATIDO DE CHOCOLATE EN UN TAZÓN / CHOCOLATE SMOOTHIE BOWL	106
ENSALADA DE TRIGO SARRACENO / BUCKWHEAT SALAD	120
DELICIOSO TAZÓN DE TRIGO SARRACENO / DELICIOUS BUCKWHEAT GRAIN BOWL	122
PUDÍN DE MOCA CON TRIGO SARRACENO / MOCHA BUCKWHEAT PUDDING	124
DESAYUNO DE TRIGO SARRACENO CON CANELA / CINNAMON BUCKWHEAT BREAKFAST BOWL	126
EMPANIZADOR DE AMARANTO / AMARANTH BREADER	130
SOPA DE BRÓCOLI Y QUESO / BROCCOLI CHEESE SOUP	132
TOSTADAS SIN GLUTEN / GLUTEN FREE TACO TOSTADAS	134
GALLETAS DE CREMA DE CACAHUATE CON AMARANTO / AMARANTH PEANUT BUTTER COOKIES	136
CEREAL CREMOSO DE AMARANTO / CREAMY AMARANTH PORRIDGE	140
FRITURAS DE VERDURAS / SPICED VEGETABLE FRITTERS	142
PETIT CHOUX DE POLLO CON AJONJOLÍ Y QUESO / SESAME CHICKEN AND CHEESE PETIT CHOUX	144
ALBÓNDIGAS ITALIANAS / ITALIAN MEATBALLS	146
GALLETAS DE CHOCOLATE CON HARINA DE ARROZ / CHOCOLATE COOKIES WITH RICE FLOUR	148
ATOLE DE HARINA DE ARROZ CON FRESAS / RICE FLOUR ATOLE WITH STRAWBERRIES	150
PAN DE CAJA SIN GLUTEN / GLUTEN-FREE LOAF BREAD	152
GALLETAS DE HARINA DE ARROZ / RICE FLOUR BISCUITS	154

HUMMUS / HUMMUS	214
FRITURAS DE CALABACITA CON SALSA DE TOMATE / ZUCCHINI FRIES WITH TOMATO DIP	216
CHILES POBLANOS RELLENOS / FILLED POBLANO PEPPERS	218
MUFFINS DE HARINA DE GARBANZO / CHICKPEA FLOUR MUFFINS	220
PAN DE ZUCHINI / ZUCCHINI BREAD	222
HOT CAKES DE GARBANZO / CHICKPEA PANCAKES	224
BOCADITOS DE TACO CON CAMARONES / SHRIMP TACO BITES	238
TAMALES / TAMALES	240
FLAUTAS CON SALSA SUIZA / FLAUTAS WITH SWISS SAUCE	242
CHAMPURRADO / CHAMPURRADO	246
TORITLLAS DE MAÍZ / CORN TORTILLAS	248
CHILAQUILES ROJOS / RED CHILAQUILES	250
FILETES DE COLIFLOR CON COSTRA DE QUINOA / QUINOA CRUSTED CAULIFLOWER STEAKS	256
BROWNIES DE HARINA DE QUINOA / FUDGY QUINOA FLOUR BROWNIES	258
PALITOS DE PAN DE QUINOA / QUINOA BREADSTICKS	260
POLLO FRITO COREANO / KOREAN FRIED CHICKEN	320
PASTEL DE LENTEJAS VEGANO / VEGAN LENTIL LOAF	322

SOURDOUGH / MASA MADRE

WAFFLES DE GRANO ENTERO / WHOLE GRAIN WAFFLES	96
WAFFLES DE ESPELTA / SPELT WAFFLES	212
HOGAZA DE MASA MADRE / SOURDOUGH LOAF	332
PAN DE ESPELTA AUSTRIACO / AUSTRIAN SPELT BREAD	334
PAN INTEGRAL DE MASA MADRE / SOURDOUGH PUMPERNICKEL	336
PAN INTEGRAL EN BARRA CON MASA MADRE / WHOLE WHEAT SOURDOUGH LOAF	338

Notas / Notes

whole grains for your whole family

Para más información y tips de cocina
Escanea el código QR
Encuentra nuestros productos con el distribuidor más cercano o en nuestra tienda en línea.

For more information and cooking tips
Scan the QR code
Find our products with the nearest distributor or on our Online store.

www.integrainflour.com
tel. 625 121 6204
@integrain